Sabine Seyffert
Ein Himmel voller Luftballons

Wichtige Hinweise!
- Vermeiden Sie übermäßiges Aufblasen der Ballons.
- Beim Platzen des Ballons besteht Verletzungsgefahr.
- Erstickungsgefahr droht beim Verschlucken von Ballons.
- Für Kinder unter drei Jahren sind die Spiele in keinem Fall geeignet.
- Für Kinder unter acht Jahren sind die Spiele nur unter Aufsicht von Erwachsenen durchzuführen.
- Die Spiele in diesem Buch sind von der Autorin und den Verlag sorgfältig erwogen und geprüft, dennoch kann eine Garantie nicht übernommen werden.
- Eine Haftung der Autorin bzw. des Verlages und seiner Beauftragten für Personen-, Sach- und Vermögensschäden ist ausgeschlossen.

1. Auflage 1996
Menschenkinder Verlag, 48157 Münster
Alle Rechte vorbehalten. Nachdruck - auch auszugsweise - nur mit Genehmigung des Verlages.
Redaktion: Jutta Nymphius
Druck: E. Holterdorf, 59302 Oelde
Satz und Layout: Thomas Nufer
Printed in Germany 1996
ISBN 3-89516-045-8

Ein Himmel voller Luftballons

Spiele mit Luftballons zum Toben, Entspannen und Träumen

mit Illustrationen von Susanne Szesny

Inhalt

Warum gerade Luftballons?

Vorschule, musikalische Früherziehung, Schwimm- und Turnunterricht, Bastelkurs u.a.m. - nicht nur wir Erwachsenen hetzen von Termin zu Termin, auch die Zeit der Kinder ist häufig bis ins kleinste verplant. Kinder, deren Alltag von festen Verpflichtungen bestimmt ist, werden jedoch um wichtige und notwendige Erfahrungen mit sich und anderen gebracht: Toben, Spielen, Ausprobieren gehören genauso dazu wie Träumen, Abschalten und Entspannen. Mangelt es an solcherlei Angeboten, werden die Kinder häufig unruhig und zappelig - und von uns viel zu schnell als „hyperaktiv" und „verhaltensauffällig" abgestempelt, ohne daß wir die eigentlichen Ursachen bedenken. Kinder müssen Gelegenheit erhalten, einerseits ihren natürlichen Bewegungsdrang zu befriedigen und andererseits durch Stille und Entspannung ihre Wahrnehmung zu sensibilisieren und zur Ruhe zu kommen. Bewegen und Entspannen - beides gehört in den Kinderalltag.

Dies ist der Grundgedanke dieses Buches. Sie werden hier Spiele finden, bei denen sich die Kinder ausleben und abreagieren können, sowie Übungen, die ihre Wahrnehmung und Konzentration fördern. Aus eigener Praxiserfahrung weiß ich, daß sich sowohl Eltern als auch PädagogInnen häufig scheuen, mit Kindern Entspannungsübungen durchzuführen. Oft trauen sie es sich nicht zu, oder sie haben Angst, etwas falsch zu machen. Dabei kommt es nicht darauf an, etwas Außergewöhnliches zu veranstalten; nehmen Sie sich einfach Zeit, um gemeinsam mit den Kindern spielerisch neue Dinge zu erproben.

Luftballons sind hierbei die idealen Hilfsmittel: Kinder sind immer wieder fasziniert von den bunten Ballons, sind schnell zu begeistern für Ballonspiele und -übungen. Luftballons sind einfach zu beschaffen, nicht teuer, platzsparend und wunderbar vielseitig zu verwenden: mit Wasser oder etwas Sand gefüllt, kann man sich damit herrliche „Schlachten" liefern, beim Umgang mit einem prall aufgeblasenen Ballon sind Geschicklichkeit und Behutsamkeit geboten, der Flug eines Luftballons hoch in den blauen Himmel hinein läßt unsere Phantasie auf Reisen gehen ...

Ich wünsche Ihnen und allen Kindern viel Spaß bei der Entdeckung wundervoller Ballonwelten!

Ihre Sabine Seyffert

Ballonspiele zum Toben

Kinder wollen und sollen ihr
natürliches Bedürfnis nach Bewegung ausleben! Nach einer
solchen aktiven Phase sind sie
außerdem konzentrierter und
aufnahmefähiger für Übungen
und Spiele, die zu innerer Ruhe
und Entspannung führen sollen.
Beginnen Sie daher immer erst
mit Spielen, die mit viel Bewegung verbunden sind! Achten Sie
dabei darauf, daß den Kindern
genügend Platz zur Verfügung
steht, damit sie sich nicht verletzen. Vielleicht können Sie die
Spiele sogar in einem Turnraum,
auf einem Außengelände oder
auf einer Wiese durchführen.

Die Ballonschlacht

Alter: ab 4
SpielerInnen: mind. 6
Material: Ballons, Klebeband
(Kreppband)

Der Raum, in dem die Ballonschlacht stattfinden soll, wird in der Mitte geteilt. Um die beiden Spielfeldhälften zu kennzeichnen, nimmt man eine Rolle Kreppband zu Hilfe. Es läßt sich gut wieder abziehen, auch von einem Teppichboden.
Die SpielerInnen teilen sich nun in zwei gleich große Gruppen auf. In jedem Spielfeld liegt die gleiche Anzahl aufgeblasener Ballons. Sobald ein Startkommando ertönt, versuchen die SpielerInnen mit Händen und Füßen, alle Ballons in das gegnerische Spielfeld zu befördern. Die Gruppe, die zuerst keinen Ballon mehr in ihrem Spielfeld hat, ist Sieger!

● Tip:
Wird dieses Spiel mit jüngeren Kindern gespielt, sollten Sie darauf achten, daß in den Spielfeldern nicht allzu viele Ballons liegen; sonst wird es zu schwierig. Vielleicht legen Sie erst einmal nur so viele Ballons in die Spielfelder, wie SpielerInnen mitmachen. Dann können Sie nach und nach die Ballonanzahl vergrößern und den Schwierigkeitsgrad dadurch erhöhen!
Bei älteren Kindern kann man auch Ballons im Spielfeld verteilen, die noch nicht aufgeblasen sind. Das macht das Spiel kniffeliger.

Der Fuchs geht um...

Alter: ab 4
SpielerInnen: mind. 8
Material: Ballons, Kordel

Jeder Spieler stellt einen Hahn mit einem schönen, bunten Schwanz dar. Dieser Schwanz besteht aus mehreren Ballons, die an einer Kordel befestigt werden. Die Kordelenden stecken sich die SpielerInnen hinten in die Hose. Ein Kind spielt den Fuchs, der auf Beute ausgeht. Um einen Hahn zu fangen, muß er alle Ballons am Schwanzende zertreten. Gelingt ihm das, so wird der erbeutete Hahn zu einem weiteren Fuchs. Das geht so lange, bis keine Hähne mehr übrig sind.

● Tip:
Bei älteren SpielerInnen kann die Ballonanzahl für den Schwanz erhöht werden. Bei Kindergartenkindern sollte man nicht mehr als zwei Ballons pro Kind verwenden. Sonst dauert es zu lange.
Als Spielvariante können sich alle Tiere gegenseitig jagen; jeder darf also jedem die Ballons am Schwanz zertreten. Allerdings muß jeder Spieler auch auf seinen eigenen Schwanz achten und aufpassen, daß kein anderer Hahn ihm zu nahe kommt.

Knallerbsen

Alter: ab 4
SpielerInnen: mind. 4
Material: Ballons

Im gesamten Raum werden aufgeblasene Ballons verteilt. Das sind nun riesengroße Knallerbsen, die herrlich Krach machen und knallen, sobald man sie zertritt! Die SpielerInnen dürfen sich nach dem Startsignal auf all die herumliegenden Knallerbsen stürzen. Wie sie die Ballons nun zum Knallen bringen, ist ihrer Phantasie überlassen: Ob sie sie zertreten, sich mit dem Po darauf fallen lassen oder sie mit der Hand zerdrücken - bei diesem lauten, bewegungsfreudigen Spiel ist alles erlaubt!

● Tip:
Das „Knallerbsen"-Spiel ist auf Grund seiner Unkompliziertheit besonders für jüngere Kinder geeignet, die noch nicht so viele Regeln beachten können. Aber natürlich lassen sich auch Schulkinder für Krach und Bewegung begeistern! Vielleicht teilen Sie diese Kinder dann in zwei Mannschaften und stoppen die Zeit. Das Ziel könnte sein, so viele Ballons wie möglich in einer Minute zerplatzen zu lassen. Oder Sie geben eine bestimmte Anzahl Ballons ins Spiel. So könnte gestoppt werden, wie lange die einzelnen Gruppen benötigen, um diese vorgegebene Ballonmenge platzen zu lassen.

Ballonweitwurf

Alter: ab 4
SpielerInnen: mind. 4
Material: Ballons, Klebeband

Mit Klebeband wird eine Startlinie markiert. Von dieser Linie aus werden die aufgeblasenen Ballons geworfen. Wer seinen Ballon am weitesten werfen kann, ist Sieger!
Aber das ist eigentlich gar nicht so wichtig, was zählt, ist vielmehr der Spaß am Mitmachen: An einem Ballonweitwurf hat bestimmt noch niemand teilgenommen!

• Tip:
Das Spiel kann eine beliebige Zeit andauern. Bei jüngeren Kindern zählt allein der Spaß und der gezielte Einsatz der Kraft. Bei älteren SpielerInnen kann man vorher festlegen, wie oft geworfen werden darf; ob man dabei anlaufen oder sogar rückwärts werfen kann: Dabei steht man mit dem Rücken zur Startlinie und wirft entweder durch die gegrätschten Beine hindurch oder über den Kopf hinweg.
Der Schwierigkeitsgrad wird erhöht, wenn die SpielerInnen mit dem Ballon in einen Eimer treffen müssen, der in einiger Entfernung von der Startlinie steht. Sind mehrere Eimer vorhanden, könnte man unterschiedliche Trefferpunkte verteilen. Wer in einen Eimer trifft, der der Startlinie am nächsten steht, bekommt selbstverständlich weniger Punkte als derjenige, der einen weiter entfernt stehenden Eimer trifft.

Pappbecherwerfen

Alter: ab 4
SpielerInnen: mind. 4
Material: Ballons, Pappbecher oder
leere Klopapierrollen, ein Tisch oder
eine Kiste

Auf einen Tisch oder einer Kiste werden beliebig viele Pappbecher gesta-
pelt. Jeder Spieler erhält einen Ballon
(nach Absprache oder Schwierigkeitsgrad auch zwei bis drei). Mit
diesem wirft er nun von einem vorher festgelegten Punkt aus. Dabei
sollen möglichst viele der aufgetürm-
ten Becher umstürzen.

● Tip:
Je weiter die SpielerInnen von dem
Pappbecherturm entfernt stehen,
desto schwieriger wird das Spiel.
Ballons fliegen nicht sehr weit; pro-
bieren Sie daher aus, von wo gewor-
fen werden soll, und berücksichtigen
Sie dabei das Alter der SpielerInnen.
Das Spiel kann auch mit kleinen
Schachteln o.ä. gespielt werden; die
gewählten Gegenstände müssen aber
in jedem Fall leicht sein.

Ballonweitsprung

Alter: ab 4
SpielerInnen: mind. 4
Material: Ballons, Klebeband

Jeder Spieler erhält einen Ballon, den er zwischen seine Füße klemmt. Von einer Startlinie (Klebeband) aus versuchen die einzelnen SpielerInnen, möglichst weit zu springen. Dabei muß der Ballon zwischen den Füßen bleiben und darf natürlich nicht zerplatzen!

• Tip:
Spielen Sie dieses Spiel mit jüngeren Kindern, so können Sie diese auch einfach so im Raum herumspringen lassen.

Eine andere schöne Möglichkeit wäre, immer zwei SpielerInnen gegeneinander springen zu lassen. Auch hier wird von der Startlinie aus begonnen. Wer als erstes die andere Seite erreicht, hat gewonnen. Handelt es sich um eine große Kindergruppe, läßt sich daraus eine Staffel machen. Die Mannschaften stellen sich auf zwei gegenüberliegenden Seiten auf. Die ersten SpielerInnen hüpfen mit den Ballons zwischen den Füßen zur anderen Seite. Dort wird schnell abgeschlagen. Der nächste Spieler hüpft los, schlägt wieder ab usw.

Das Vogelnest

Alter: ab 4
SpielerInnen: mind. 4
Material: Ballons, ein großer Korb
(Wäschekorb o.ä.)

In einen Korb werden viele Luftballons gelegt. Dieser Korb ist das Vogelnest, in dem kleine „Vögel" sitzen. Die Vögel sind aber sehr neugierig und möchten gern in die weite Welt hinaus. Deswegen entwischen sie, sooft sie nur können. Dazu wirft ein Spieler die Ballons immer wieder in alle Richtungen aus dem Korb. Die anderen SpielerInnen versuchen, die Vogelkinder so schnell wie möglich einzusammeln und zum Nest zurückzubringen.

● Tip:
Dieses Spiel ist sehr bewegungsstark. Die SpielerInnen werden flitzen und flitzen. Je nach Gruppenstärke und Alter der SpielerInnen können auch hier die Spielregeln erweitert werden: Man zieht beispielsweise um das Nest eine kreisförmige Linie, die die FängerInnen nicht überschreiten dürfen, wenn sie die Ballonvögel in das Nest zurückwerfen. Oder man verwendet mehr als ein Nest. Diese Variante ist allerdings für Kindergartenkinder weniger geeignet.

Ballontanz

Alter: ab 4
SpielerInnen: mind. 10
Material: Ballons, Musik-Cassette, Cassettenrecorder

Im Raum werden so viele Ballons verteilt, daß bis auf einen Spieler jeder einen Ballon bekommen kann. Wenn nun die Musik erklingt, laufen alle durch den Raum. Stoppen Sie die Musik, so müssen die SpielerInnen sich schnellstmöglich einen Ballon suchen. Der Spieler, der keinen Ballon mehr bekommen hat, darf nun als nächster den Recorder bedienen und die Musik stoppen. Jedoch wird vor der zweiten Runde erst ein Ballon weggenommen, so daß am Schluß nur ein Spieler übrig bleibt. Der Spieler, der in der zweiten Runde keinen Ballon erhält, darf jetzt die Musik einspielen etc.

• Tip:
Spielen Sie mit jüngeren Kindern, sollten Sie nicht bei jeder Runde einen Ballon wegnehmen. Denn dann wird es den Kindern, die nicht teilnehmen können, zu schnell langweilig. Außerdem sollte man bei jüngeren SpielerInnen nicht jedes Spiel auf einen Gewinner ausrichten. Hier sollten der Spaß am Spiel und die Bewegungsfreude im Vordergrund stehen. Lassen Sie schon zu Beginn des Spiels ein Kind den Recorder bedienen. Das Kind, das keinen Ballon bekommt, wechselt einfach mit dem Kind, das für die Musik verantwortlich war, und es wird kein weiterer Ballon aus dem Spiel genommen. So haben alle Kinder eine Aufgabe und können am Spiel teilhaben.

Angeln

Alter: ab 4
SpielerInnen: mind. 2
Material: Ballons, Papprollen, Kordel

Die Ballons werden aufgeblasen und an eine lange Kordel geknotet. Am anderen Kordelende wird eine Papprolle befestigt. Auf ein Kommando versuchen die SpielerInnen, den geangelten Fisch an Land zu ziehen, indem sie die Kordel immer weiter um die Papprolle wickeln.

• Tip:
Bei jüngeren Kindern sollten Sie dieses Spiel nicht als Wettkampf durchführen. Lassen Sie jedem Kind soviel Zeit, wie es benötigt, um seinen Fisch an Land zu ziehen. Besonderen Spaß macht das Angeln, wenn die Ballons vorher als Fische beklebt oder bemalt wurden.

Es stürmt und tobt!

Alter: ab 4
SpielerInnen: mind. 2
Material: Ballons, Kissenbezüge (80 x 80 cm)

Die Ballons werden aufgeblasen und in die leeren Kissenbezüge gesteckt; einige Ballons können auch so verwendet werden. Nun geht ein Unwetter los, daß es nur so kracht! Die SpielerInnen bewerfen sich gegenseitig mit den gefüllten Kissen und Ballons ... Uih, das macht vielleicht Spaß!

• Tip:
Bei diesem Spiel können die Kinder ihre ganze Kraft einsetzen und wild und ausgelassen sein. Denn bei diesem Ballonunwetter kann man sich nicht weh tun.

Der Löffel-Ballon-Lauf

Alter: ab 4
SpielerInnen: mind. 2
Material: kleine runde Ballons,
Kreppband, große Löffel

Jedes Kind erhält einen Ballon und
einen Löffel. Der Ballon wird auf den
Löffel gelegt. Auf ein Kommando
beginnt der Lauf von der Startlinie
aus. Der Ballon darf dabei nicht vom
Löffel fallen und natürlich auch nicht
mit der anderen Hand festgehalten
werden. Vielleicht aber darf die Nase
etwas helfen ...

• Tip:
Die Kinder können entweder zu zweit
oder in Gruppen gegeneinander antreten. Markieren Sie die Startlinie
und das Ziel. Sie können die Strecke
auch hin- und zurücklaufen lassen
oder für geübte SpielerInnen Hindernisse einbauen: um einen Stuhl herumlaufen, über eine Bank klettern,
hüpfen, unter einer Schnur hin-
durchkriechen etc.

19

Federleichter Fußball

Alter: ab 5
SpielerInnen: mind. 8
Material: Ballons, 2 Tücher

Im Raum wird auf zwei gegenüberliegenden Seiten je ein Tuch ausgebreitet. Diese Tücher stellen die Tore dar. Die SpielerInnen werden in zwei gleich große Mannschaften geteilt, von denen jede ein „Tor" zugewiesen bekommt. Der Ballon ist der Fußball. Nach dem Anpfiff müssen die SpielerInnen versuchen, den Ballon auf ihr Tor zu schießen. Und das ist gar nicht so einfach, denn ein Ballon ist sehr leicht und selbst, wenn man fest dagegentritt, fliegt er nicht besonders weit.

• Tip:
Für dieses Spiel ziehen sich die Kinder am besten die Schuhe aus, denn sonst kann der Ballon zu leicht zerplatzen. Das Spielfeld kann nach Bedarf verkleinert oder vergrößert werden.
Achten Sie darauf, daß Sie noch Ersatzballons zur Hand haben, falls der „Fußball" doch einmal versehentlich zerplatzt!

Fang den Ballon

Alter: ab 5
SpielerInnen: mind. 3
Material: Ballons

Es spielen jeweils drei Kinder zusammen. Zwei stehen sich dabei gegenüber, und der dritte Spieler steht in der Mitte. Die äußeren SpielerInnen werfen sich nun den Ballon zu. Sie versuchen so zu werfen, daß der dritte Spieler in der Mitte den Ballon nicht fangen kann. Erwischt er ihn dennoch, muß der Spieler in die Mitte, der den Ballon zuletzt geworfen hat.

• Tip:
Wenn sich die Anzahl der Kinder in Ihrer Gruppe nicht durch drei teilen läßt, können Sie die einzelnen Spielgruppen vergrößern oder alle einen großen Kreis bilden lassen. Dadurch wird es für den Spieler, der in der Mitte steht, etwas schwieriger. Experimentieren Sie einfach: Stellen Sie mehrere SpielerInnen in die Mitte, oder geben Sie zwei bis drei Ballons in die Gruppen.

Gefangen

Alter: ab 5
SpielerInnen: mind. 2
Material: pro SpielerIn einen Ballon, Kordel, Schere

Jeder Spieler erhält einen aufgeblasenen Ballon an einer Kordel. Das Ende der Kordel wird den SpielerInnen um das Bein (etwas oberhalb des Fußgelenks) gebunden. Sind alle SpielerInnen nun „an Ketten" gelegt, müssen sie versuchen, ihre an den Füßen hängenden Ballons zu zertreten. Wer sich befreit hat, kann seine MitstreiterInnen lauthals anfeuern!

• Tip:
Wird dieses Spiel mit jüngeren Kindern gespielt, achten Sie darauf, daß die Kordel mit dem angebundenen Ballon nicht zu lang ist. Je kürzer die Kordel ist, um so einfacher wird es, sich von den „Ketten" zu befreien!

Flieg, kleiner Sternenschweif

Alter: ab 6
SpielerInnen: mind. 2
Material: kleine Ballons, Sand, Kordel, Kreppapier, Schere

In einen kleinen Ballon wird soviel Sand gefüllt, daß er etwa die Größe eines Tennisballs hat. Das Kreppapier wird in 2-3 cm breite Streifen geschnitten und in die Öffnung des Ballons gesteckt. Dort herum wird nun die Kordel fest gewickelt und geknotet, so daß weder Sand noch Kreppapier hinauskommen können. Die SpielerInnen stellen sich im Kreis auf und werfen sich den Sternenschweif gegenseitig zu. Bei Bedarf wird der Kreis auch vergrößert.

● Tip:
Dies ist ein Spiel ohne Konkurrenzdruck, da es keinen Gewinner gibt. Die Gruppe spielt gemeinsam. Man kann die SpielerInnen diesen Sternenschweif vorher selbst herstellen lassen. Das Kreppapier flattert lustig bei jedem Wurf und ähnelt dabei wirklich einem fliegenden Stern. Eine Variante dieses Spiels: Ein Spieler geht in die Mitte und versucht, den Sternenschweif zu fangen!

Gelingt es ihm, muß derjenige in die Mitte, der den Sternenschweif zuletzt geworfen hat.

Der Ballontunnel

Alter: ab 6
SpielerInnen: mind. 6
Material: Ballons

Alle SpielerInnen stellen sich hintereinander an einem Ende des Raumes auf. Nun bekommt der vordere Spieler einen Ballon. Dieser muß so schnell wie möglich durch die Beine nach hinten gegeben werden. Hat der Ballon den letzten Spieler erreicht, so läuft dieser mit dem Ballon nach vorn und beginnt von neuem, ihn nach hinten zu reichen. Das Spiel ist zu Ende, wenn die Reihe der SpielerInnen am anderen Ende des Raumes angekommen ist.

● Tip:
Je nach Anzahl der SpielerInnen kann man verschiedene Gruppen bilden. Auch die Art, wie man den Ballon weitergibt, kann beliebig variiert werden. Vielleicht haben die SpielerInnen Lust, sich den Ballon mal über die Köpfe anzureichen o.ä.

Ich bin soo wütend!

Alter: ab 6
SpielerInnen: mind. 2
Material: Ballons, Kordel

Ein Spieler knotet an eine Kordel einen aufgeblasenen Ballon. Das Kordelende hält er nun in seiner Hand. Der Arm ist dabei weit ausgestreckt. Der Spielpartner ist „soo furchtbar wütend" und schlägt nach Herzenslust auf den herunterbaumelnden Ballon. Nach einer Weile wird gewechselt, und der zweite Spieler darf nun einmal so richtig wütend sein.

• Tip:
Auch bei Kindern stauen sich oftmals Gefühle wie z.B. Wut an. Doch gibt es in Einrichtungen wie Kindergarten oder Schule meist keine Möglichkeit, dieses Gefühl auszuleben. Wenn Kinder wütend werden und dies auch zeigen, werden sie in der Regel sofort ermahnt, dieses Verhalten unverzüglich zu unterlassen. Diese Übung hingegen erlaubt den Kindern, auf spielerische Weise ihrer Wut Ausdruck zu verleihen und sich abzureagieren. Dabei ist aber wichtig, daß Sie den Kindern vorher einmal demonstrieren, wie sie den Ballon halten müssen, damit sich niemand verletzen kann. Wenn die Möglichkeit besteht, ist es natürlich noch besser, die Kordel mit dem Ballon an der Decke zu befestigen, z.B. mit Hilfe eines Hakens o.ä.
Für Kinder unter 6 Jahren würde ich dieses Spiel jedoch nicht empfehlen. Da diese Kinder in ihren Bewegungen häufig noch unsicher und unkoordiniert sind, wäre das Spiel für sie zu gefährlich. Möchten Sie es dennoch versuchen, ist es erforderlich, daß Sie mit den einzelnen Kindern arbeiten und die Kordel mit dem Ballon selbst halten.

23

Das große Rennen

Alter: ab 6
SpielerInnen: mind. 6
Material: Ballons, Klebeband

Am Spielort wird mit Kreppband eine lange Startlinie gekennzeichnet. Die SpielerInnen erhalten jeweils einen Ballon. Dieser wird auf Kniehöhe zwischen die Beine geklemmt. Sie geben das Startsignal, und das große Rennen kann beginnen. Alle müssen mit ihren Ballons zwischen den Knien zur anderen Seite laufen. Platzt einem Spieler der Ballon, muß er schnellstens wieder an die Startlinie zurück, um sich dort einen neuen geben zu lassen. Von der Startlinie aus darf der Spieler erneut sein Glück versuchen.

• Tip:
Variieren Sie die Spielstrecke, die zurückgelegt werden muß. Wenn die SpielerInnen geschickt und schnell sind, können Sie festlegen, daß hin- und zurückgelaufen werden muß. Oder Sie bauen Hindernisse ein: um einen Stuhl herumlaufen, über einen Stock springen, rückwärts gehen etc. Für kleine Akrobaten können Sie auch die Ballonanzahl erhöhen, so daß die SpielerInnen zusätzlich einen Ballon unter jedem Arm tragen.

Wer ist der dickste Mensch?

Alter: ab 6
SpielerInnen: mind. 2
Material: Ballons, Tücher, Kissen, Decken und Matratzen für den Boden

Jedes Kind erhält Ballons und Tücher. Damit darf es sich in einen wunderbar dicken Menschen verwandeln. Dazu werden beispielsweise die Ballons an den Po oder an die Beine gebunden. Sind alle Spieler dick genug, geht es los. Auf dem Boden türmen sich Kissen, Decken und Matratzen, damit es schön weich ist. Die dicken Menschen rempeln sich nun nach Herzenslust an, denn schließlich möchte jeder der dickste Mensch der Welt sein. Der Spieler, der am Schluß noch am dicksten ist bzw. die meisten Ballons am Körper trägt, hat gewonnen. Dennoch dürfen die anderen bis zum Schluß mitspielen!

• Tip:
Die SpielerInnen sollten in der Lage sein, Regeln einzuhalten. Solange man mit Ballons ausgestopft ist, tut Rempeln nicht weh, aber wenn die Ballons der Reihe nach zerplatzen, spürt man einen Schubs. Daher sollen die Kinder dann vorsichtiger werden und nicht zu sehr drängeln. Die SpielerInnen können sich auch bei der Vorbereitung helfen und sich gegenseitig mit Ballons einkleiden!

Vogel, Vogel, welche Farbe fliegt heute?

Alter: ab 6
SpielerInnen: mind. 14
Material: verschiedenfarbige Ballons

Ein Spieler stellt den Vogel dar. Die anderen SpielerInnen sind Ballons, die durch den Himmel fliegen. Jeder dieser SpielerInnen hält einen Ballon in der Hand. Achten Sie darauf, daß viele Farben vorhanden sind. Die BallonspielerInnen stellen sich an ein Ende des Raumes auf und fragen „Vogel, Vogel, welche Farbe fliegt heute?" Der Vogelspieler nennt eine Farbe. Die SpielerInnen mit einem Ballon dieser Farbe haben Glück und dürfen an das andere Ende gehen. Alle anderen müssen versuchen, auf die andere Seite zu gelangen, ohne vom Vogel erwischt zu werden. Hat der Vogel-spieler einen Ballon mit der Hand berühren können, so ist dieser Spieler nun auch ein Vogel.

• Tip:
Als Variante kann immer nur die Farbe gefangen werden, die der Vogelspieler nennt. Es wird solange gespielt, bis nur noch ein Ballon übrig ist. Dieser Spieler ist Vogel in der neuen Runde.

Kleine Maus, paß auf!

Alter: ab 6
SpielerInnen: mind. 7
Material: Ballons in 6 Farben,
ein Farbwürfel, der diese Farben
enthält, Kreppband, Kordel

Jedes Kind erhält einen Ballon in
einer Farbe, die auch auf dem Würfel
vorhanden ist. Die Ballons werden an
eine max. 1 m lange Kordel geknotet.
Die SpielerInnen sitzen im Kreis um
einen Spieler, der die Katze darstellt.
Um die Katze herum ist ein Kreis mit
Kreppband markiert, den die Katze
nicht verlassen darf. Der erste Spieler
würfelt. Die Farbe, die angezeigt
wird, muß aufpassen, denn die Katze
möchte eine Maus dieser Farbe erwischen. Sobald die Farbe liegt, stürzt
sich die Katze auf die entsprechende
Maus. Man kann vorher festlegen, ob
die Katze einen Ballon der Farbe zertreten oder mit den Händen fangen
soll. Hatte die Katze Erfolg, so wird
gewechselt, und die gefangene Maus
ist nun die Katze. Haben die Mäuse
der Farbe aufgepaßt und ihre Ballons
schnell weggezogen, muß die Katze
die nächste Runde abwarten. Der
Würfel wird weitergereicht, und der
nächste Mausspieler würfelt.

• Tip:
Die SpielerInnen, die mit Würfeln an
der Reihe sind, sollten die angezeigte
Farbe laut sagen. Denn ein Würfel ist
recht klein. Bei dem Spiel sollten die
SpielerInnen aber in einem großen
Kreis sitzen, damit keiner von der
Katze berührt wird. Denn nur die
Mäuse (Ballons) sind der Katze aus-
geliefert. Und wenn die Ballons zertreten werden, ist es besser, weit auseinander zu sitzen, damit sich niemand verletzen kann.

Ballon, flieg!

Alter: ab 6
SpielerInnen: mind. 10
Material: verschiedenfarbige Ballons

Die SpielerInnen stellen sich im Kreis auf. Nun bekommen zwei Spieler-Innen, die sich ungefähr gegenüberstehen sollten, je einen Ballon (in zwei unterschiedlichen Farben). Die SpielerInnen geben den Ballon so schnell wie möglich nach links weiter und versuchen dadurch, den anderen Ballon einzuholen, der ebenfalls weitergereicht wird. Treffen die Ballons aufeinander, beginnt das Wettfliegen erneut.

● Tip:
Je nach Gruppenstärke und Alter der SpielerInnen können auch mehr als zwei Ballons in den Kreis gegeben werden.

Ich fang' mir einen Schmetterling

Alter: ab 6
SpielerInnen: 1 oder mehr
Material: pro SpielerIn einen Ballon und einen Hut

Jeder Spieler bekommt einen Hut. Der Spielleiter oder der Spieler selbst wirft einen Ballon hoch in die Luft. Das ist nun ein kunterbunter Schmetterling, den der Spieler fangen möchte. Aber dazu muß er sich geschickt anstellen: Der Schmetterling kann nämlich nur mit Hilfe des Hutes gefangen werden!

● Tip:
Hüte sind für das Spiel gut geeignet, denn sie sind weich und daher ungefährlich. Vielleicht fragen Sie die Eltern nach Hüten, die nicht mehr gebraucht und getragen werden. Falls Sie keine bekommen, können ersatzweise auch Eimer verwendet werden. Nur sollten Sie aufpassen, daß die SpielerInnen nicht damit herumfuchteln und sich verletzen!

Ballonschleuder

Alter: ab 7
SpielerInnen: mind. 8
Material: Ballons,
pro SpielerIn ein Kissen

Jeweils zwei SpielerInnen stellen sich gegenüber auf. Jeder Spieler hat ein Kissen, und pro Spielpaar gibt es einen Ballon. Die SpielerInnen sollen nun versuchen, mit Hilfe des Kissens den Ballon auf die Seite ihres Spielpartners zu befördern. Dieser versucht den Ballon entweder zu fangen oder ihn sofort wieder mit Hilfe des Kissens zurückzuschleudern. Wer sich geschickt anstellt, kann den Abstand zu seinem Spielpartner nach und nach vergrößern.

• Tip:
Wenn Sie keine Kissen zur Verfügung haben, können die Ballons auch mit der flachen Hand, einem Holzlöffel o.ä. geschleudert werden. Auch bei diesem Spiel sollten Sie Ersatzluftballons bereithalten.

Der große Kreisel

Alter: ab 7
SpielerInnen: mind. 8
Material: Ballons,
Kordel oder dünnes Seil

Alle SpielerInnen stellen sich in einem Kreis auf. Ein Spieler steht in der Mitte. Er erhält einen Ballon, der an ein ca. 2 m langes Seil oder an eine Kordel gebunden ist. Nun beginnt sich der Spieler zu drehen; dabei hält er das andere Ende des Seils fest. Die anderen SpielerInnen versuchen, den sich im Kreis drehenden Ballon zu zertreten. Wer es geschafft hat, darf als nächster in die Mitte.

• Tip:
Als Spielvariante dreht der Spieler in der Mitte den Ballon nicht auf dem Boden, sondern in Brusthöhe mit. Die übrigen SpielerInnen versuchen, den Ballon mit den Händen zerplatzen zu lassen. Je mehr Kinder mitmachen, um so lustiger wird es.

Wir spielen Völkerball

Alter: ab 8
SpielerInnen: mind. 16
Material: Ballons, Kreppband

Mit Kreppband wird der Rand eines Spielfeldes markiert: es wird entweder ein Kreis oder ein Quadrat geklebt. Die SpielerInnen werden nun in zwei Gruppen geteilt. Eine Gruppe stellt sich in das Spielfeld hinein, die andere steht um das Spielfeld herum. Die außenstehende Mannschaft bekommt einige Ballons und versucht, mit diesen die SpielerInnen im Spielfeld zu treffen. Ist ein Kind getroffen, so muß es aus dem Feld hinaus und darf der anderen Mannschaft helfen. Kann ein Ballon gefangen werden, so gilt das nicht als Treffer! Der gefangene Ballon gehört nun dieser Mannschaft, die mit ihm die SpielerInnen abtreffen darf, die außerhalb des Feldes stehen. Wird von ihnen einer getroffen, so wechselt dieser Spieler zu der Mannschaft im Feld.

• Tip:
Es kann sich auch zunächst nur ein
einziger Spieler außerhalb des Spielfeldes stellen, dessen Aufgabe es
dann ist, MitspielerInnen hinzuzu-
gewinnen.
Die Größe des Spielfeldes hängt ganz
von der Anzahl der SpielerInnen ab.
Es sollte nicht zu groß sein, da es
sonst nicht möglich ist, SpielerInnen
zu treffen. Wenn die Kinder möchten, kann man auch die Form des
Spielfeldes beliebig verändern.
In jedem Fall können sie sich viel bewegen und tüchtig austoben!

Ballonspiele zum Entspannen

Haben die Kinder nach Herzenslust herumgetobt, kommen von einer turbulenten Feier nach Hause oder haben vielleicht den ganzen Nachmittag vor dem Fernseher verbracht, so ist es wichtig, ihnen Wege und Möglichkeiten zu zeigen, ihre innere Ruhe wiederzufinden.

Die Übungen und Spiele dieses Kapitels helfen den Kindern dabei, neue Kräfte zu sammeln. Sie lassen sich besonders gut nach den lebendigen Ballonspielen des vorangegangenen Kapitels einsetzen, und auch nach Turn- oder Sportstunden bilden sie einen harmonischen Ausklang. Die Spiele lassen sich alle ohne langwierige Vorbereitung oder Fachwissen durchführen!

Ein Ballon fliegt durch die Luft

Alter: ab 4
SpielerInnen: 1 oder mehr
Material: Ballons

Jeder Spieler erhält einen Ballon und wirft ihn hoch in den „Himmel" hinein. Schwebt der Ballon wieder herab, gibt der Spieler ihm einen leichten Stoß und befördert ihn so wieder in die Luft. Die Ballons sollen nicht mehr die Erde berühren!

● Tip:
Dieses ruhige Spiel fasziniert Kinder immer wieder. Oft spielen sie dieses Spiel sehr lang und konzentriert; sie sprechen dabei kein Wort und werden ganz ruhig. Ältere Kinder, denen das Spiel auf diese Art und Weise vielleicht zu langweilig ist, können als Gruppe mit vielen verschiedenen Ballons spielen. Die ganze Gruppe muß dabei aufpassen, daß alle Ballons in der Luft bleiben. Noch schwieriger wird es, wenn jeder Spieler einen bestimmten Platz im Raum oder Kreis zugewiesen bekommt, den er nicht verlassen darf!

Zauberkugeln

Alter: ab 4
SpielerInnen: mind. 2
Material: Ballons,
pro SpielerIn ein Kissen

Jedes Kind erhält einen Ballon und ein Kissen. Die Ballons stellen wertvolle Zauberkugeln dar, die auf keinen Fall herunterfallen und kaputtgehen dürfen. Sie gehören dem Zauberer Zwackel. Die SpielerInnen legen die Zauberkugeln auf das kostbare „Samtkissen". Und da der Zauberer Zwackel hohen Besuch aus dem fernen Zauberland hat, möchte er seinem Gast natürlich seine Zauberkugeln vorführen und bittet die Kinder, diese ehrenwerte Aufgabe zu übernehmen. Sie müssen gut aufpassen, daß keine Zauberkugel vom Kissen herunterrollt!

• Tip:
Die SpielerInnen werden durch die Bitte des Zauberers Zwackel motiviert und geben ihr Bestes. Dabei kommt es nicht auf Schnelligkeit, sondern auf Geschicklichkeit an!

Dicke unter sich

Alter: ab 4
SpielerInnen: mind. 2
Material: unterschiedlich geformte Ballons

Die SpielerInnen haben viel gegessen und sind dabei ganz dick geworden. Jeder Spieler nimmt sich Ballons und stopft sich diese unter den Pulli, die Arme, klemmt sich Ballons zwischen die Beine oder die Zehen. Und dann darf herumspaziert werden. Es versteht sich von selbst, daß die Ballons nicht herunterfallen dürfen!

• Tip:
Um die Sache interessanter zu gestalten, kann man bei diesem Spiel Hindernisse einbauen, die es den dicken SpaziergängerInnen nicht gerade leichtmachen. Lassen Sie den SpielerInnen Zeit zum Ausprobieren! Und da dicke Menschen bekanntlich sehr gemütlich sind, geht es bei diesem Spiel auch ruhig und gemütlich zu!

Bauchtanz

Alter: ab 4
SpielerInnen: mind. 2
Material: Ballons, meditative Musik,
Cassettenrecorder

Jeweils zwei SpielerInnen bekommen
einen Ballon, den sie sich zwischen
die Bäuche klemmen. Der Ballon darf
nun beim Tanzen weder herunterfallen noch kaputtgehen. Mit der ein-
setzenden Musik beginnen auch die
Paare, sich zu bewegen.

• Tip:
Die Musik sollte ruhig und leise sein.
Es kommt auf das Zusammenspiel der
beiden SpielerInnen und nicht auf
einen wilden Tanz an, der mit viel
Bewegung verbunden ist. Bei jüngeren SpielerInnen sollten Sie darauf
hinweisen, daß sie ihre Bewegungen
dem Tempo der Musik anpassen.
Oder aber Sie demonstrieren den
Unterschied zwischen schneller und
langsamer Musik/Bewegung.

Ballonkreisen

Alter: ab 4
SpielerInnen: 1 oder mehr
Material: Ballons

Jedes Kind erhält einen Ballon. Alle
verteilen sich im Raum, so daß jedem
ausreichend Platz zur Verfügung
steht. Jedes Kind versucht nun, seinen Ballon in Bauchhöhe um seinen
Rumpf kreisen zu lassen. Der Ballon
soll dabei ständigen Körperkontakt
haben! Wer ist geschickt und läßt
den Ballon dabei nicht fallen?

• Tip:
Die Kinder können ihren Ballon langsam kreisen lassen; wichtig ist, daß er
nicht herunterfällt. Vielleicht können
sie nach einer Proberunde beim Kopf
beginnen und den Ballon langsam
von oben nach unten bis hin zu den
Füßen kreisen lassen, so, als verbän-
den sie sich den ganzen Körper!

Ein Himmel voller Luftballons

Alter: ab 4
SpielerInnen: mind. 10
Material: bunte Ballons, durchsichtige Abdeckfolie

Die Ballons werden aufgeblasen und auf die Folie verteilt. Die SpielerInnen heben die Folie nun vorsichtig in die Höhe, so daß alle Ballons darauf liegenbleiben. Ein Spieler krabbelt nun unter die Folie und legt sich auf den Rücken. Er schaut in den Himmel voller Luftballons und beginnt zu träumen ... Die anderen bewegen die Folie zart hin und her, so daß die Ballons tanzen und fliegen. Nach einer Minute wird gewechselt, und der nächste Spieler darf in den Ballonhimmel schauen.

• Tip:
Das Spiel ermöglicht den SpielerInnen eine Pause voller Ruhe. Außerdem regen die vielen fliegenden Ballons im Himmel die Phantasie an ... Wenn die SpielerInnen einverstanden sind, kann meditative, ruhige Musik im Hintergrund spielen. Während der Reise in den Himmel sollte nicht gesprochen werden!

Ich werf' dich hoch und zaubere

Alter: ab 4
SpielerInnen: 1 oder mehr
Material: Ballons

Jedes Kind erhält einen Ballon. Diese werden hochgeworfen. In dem Zeitraum, bevor die Ballons wieder landen bzw. gefangen werden, können die SpielerInnen zaubern. Sie klatschen in die Hände, drehen sich im Kreis, gehen in die Hocke, springen hoch etc.
Doch Vorsicht, der Ballon muß rechtzeitig wieder aufgefangen werden!

• Tip:
Der Phantasie und dem Einfallsreichtum der SpielerInnen sind hierbei keine Grenzen gesetzt. Vielleicht hat ein kleiner Zauberer eine Idee, die die anderen nachmachen möchten?

Der Schatz des Königs

Alter: ab 4
SpielerInnen: mind. 6
Material: ein schöner großer Ballon

Ein Spieler ist der König und legt sich in eine Ecke des Raumes. Vor ihm liegt der Ballon-„Schatz". Die anderen SpielerInnen sind Räuber, die dem König den Schatz stehlen wollen. Dabei müssen sie ganz leise sein und sich an den Schatz heranschleichen. Wird der König dabei jedoch wach, so müssen alle still stehenbleiben. Ist ein Räuber nicht leise genug oder bewegt er sich, kann der König ihn zurückschicken! Der Räuber, der es zuerst schafft, den Schatz des Königs zu berühren, darf in der folgenden Runde der König sein.

• Tip:
Dieses Spiel fördert die Konzentrationsfähigkeit. Dennoch sind die SpielerInnen in Bewegung und können Spannungen abbauen. Der Anreiz, dem König den Schatz zu stehlen, motiviert die SpielerInnen, ganz still und ruhig zu sein.

Wachsender Ballon

Alter: ab 4
SpielerInnen: mind. 16
Material: Ballons, ruhige Musik, Cassettenrecorder

Jeder Spieler hat einen Ballon, mit dem er sich zu laufender Musik bewegt. Stoppt die Musik, so muß sich jeder einen Tanzpartner suchen. Beide Ballons werden zwischen die Bäuche geklemmt. Verstummt die Musik wieder, so müssen nun jeweils vier SpielerInnen mit vier Ballons tanzen. Beim nächsten Musikstopp müssen sich acht SpielerInnen zusammenfinden usw. Wie groß kann der tanzende Ballonbauch noch werden, ohne daß ein Ballon verlorengeht?

• Tip:
Die SpielerInnen können hier üben, einfühlsam und vorsichtig miteinander umzugehen. Denn nur durch ein harmonisches Zusammenspiel wird der Ballon wachsen können!

Was mein Ballon so alles kann

Alter: ab 4
SpielerInnen: 1 oder mehr
Material: Ballons

Jedes Kind erhält einen Ballon und muß nun versuchen, mit diesem zu gehen. Aber das ist gar nicht so leicht: denn die SpielerInnen müssen dabei den aufgeblasenen Ballon auf den Handrücken legen. Und los geht's! Dabei darf ausprobiert werden, was man mit dem Ballon auf dem Handrücken alles kann: klettern, laufen, lachen, hüpfen, mit geschlossenen Augen gehen, krabbeln ... Vielleicht legen sich die Kinder den Ballon auch auf den Kopf oder den Fuß!

● Tip:
Dieses Spiel fördert den Einfallsreichtum der Kinder. Der Phantasie sind keine Grenzen gesetzt. Jeder experimentiert für sich oder in der Gruppe. Dann darf jedes Kind eine Idee vormachen, und alle anderen machen sie nach. Achten Sie darauf, daß jedes Kind dabei an die Reihe kommt!

Achterbahn

Alter: ab 4
SpielerInnen: 1 oder mehr
Material: Ballons

Jeder Spieler erhält einen Ballon. Dieser Ballon fährt nun Achterbahn. Dazu grätscht der Spieler die Beine. Der Ballon wird auf den Boden gelegt und mit Hilfe der Hände zwischen den Beinen nach hinten gerollt, um das eine Bein herum, nach vorne, dann wieder durch die Beine hindurch nach hinten und um das andere Bein herum... Na, wenn es dem Ballon bloß nicht schwindelig wird!

● Tip:
Bei jüngeren SpielerInnen empfiehlt es sich, den Weg, den der Ballon zwischen den Beinen zurücklegen soll, zu demonstrieren. Dies ist eine schöne Übung für die Koordination!

Luftballongolf

Alter: ab 5
SpielerInnen: mind. 2
Material: Ballons, Kreppband,
Paketrollen, Hindernisse (Kegel,
Schuhkartons, Stühle o.ä.)

Start- und Ziellinie werden mit
Kreppband markiert. Dazwischen
werden Hindernisse aufgestellt, um
die der Ballon mit Hilfe eines „Golf-
schlägers" (Paketrolle) herum- und
herübergeführt u.ä. werden muß.

● Tip:
Die SpielerInnen können gegeneinander antreten oder nacheinander star-
ten. Wie bei allen ruhigen Spielen
sollte aber auch hier auf Wettbewerb
verzichtet werden, der immer mit
Hektik und Schnelligkeit verbunden
ist. Die SpielerInnen sollten lieber
den Spaß am Spiel genießen und ihre
Geschicklichkeit schulen!

Wackelpo

Alter: ab 5
SpielerInnen: mind. 2
Material: Ballons

Die SpielerInnen finden sich paarweise zusammen. Sie sind sehr neugierig
gewesen und haben heimlich bei der
Hexe Holterdipolter herumgestöbert.
Dabei kamen sie mit dem Zauberkle-
ber in Berührung, der die SpielerInnen nun fest zusammenklebt! Die
SpielerInnen haben einen Ballon zwischen ihren Hinterteilen und wackeln
damit gemeinsam durch die Gegend!

● Tip:
Für jüngere SpielerInnen kann man
auch einen Ballon zwischen die
Schultern oder Köpfe klemmen.
Das vereinfacht die Aufgabe, sich
gemeinsam zu bewegen!

Lustige Polonaise

Alter: ab 5
SpielerInnen: mind. 8
Material: Ballons

Jeder Spieler erhält einen Ballon, den er zwischen seine Knie klemmt. Alle SpielerInnen stellen sich nun hintereinander auf und fassen sich an den Schultern. Der Spieler, der ganz vorn steht, beginnt mit der Polonaise und läuft kreuz und quer durch den Raum. Dabei dürfen weder MitspielerInnen noch Ballons verlorengehen!

• Tip:
Wenn Sie möchten, kann während der Polonaise ruhige Musik im Hintergrund spielen. Wer Lust hat, kann versuchen, den Ballon zwischen seinen Rücken und den Bauch des hinteren Mitspielers zu klemmen. Vielleicht fallen den SpielerInnen auch noch andere Möglichkeiten ein.

Ein Bett aus Ballons

Alter: ab 5
SpielerInnen: mind. 2
Material: Ballons in jeder Größe

Immer zwei SpielerInnen finden sich zusammen. Ein Kind legt sich auf den Boden und bekommt nach und nach ein Bett aus lauter Ballons. Dazu legt das zweite Kind Luftballons unter die Arme, Beine, den Kopf und überall dorthin, wo es möglich ist.
Nachdem alle Ballons zu Betten verarbeitet wurden, wird gewechselt, und das andere Kind legt sich hin.

• Tip:
Die SpielerInnen müssen sehr behutsam vorgehen. Wenn sich die jüngeren Kinder nicht allein trauen, können auch drei SpielerInnen zusammenarbeiten, wobei ein Kind liegt und die anderen beiden das Ballonbett bauen.

Kopfball

Alter: ab 5
SpielerInnen: mind. 2
Material: Ballons

Jeder Spieler erhält einen Ballon. Nun wird ausprobiert, auf welche Weise sich der Ballon am besten mit dem Kopf nach vorn, zur Seite und nach oben stoßen läßt. Dann sucht sich jeder Spieler einen Partner. Beide stellen sich in einiger Entfernung voneinander auf und spielen sich mit dem Kopf den Ballon zu. Zunächst wird noch mit Händen gefangen. Dann kann versucht werden, sich den Ballon ausschließlich mit dem Kopf zuzuspielen und ihn so möglichst lange im Spiel zu halten!

• Tip:
Das Spiel wird erschwert, indem sich alle in einen Kreis stellen und nun den Ballon immer dem rechten Nebenspieler mit dem Kopf zuspielen. Klappt auch das, so können beliebige SpielerInnen angespielt werden!

Und hopp!

Alter: ab 6
SpielerInnen: mind. 4
Material: Ballons, Tücher

Jeweils zwei SpielerInnen bekommen ein Tuch. Gespielt wird in Vierergruppen. Die Paare stehen sich mit ihren Tüchern gegenüber. In einem Tuch liegt ein Ballon. Die SpielerInnen müssen nun versuchen, durch einen Schwung mit dem Tuch den Ballon zu ihren SpielpartnerInnen zu werfen, die wiederum mit ihrem Tuch den Ballon auffangen. Zunächst sollten die Spielpaare nah beieinander stehen. Klappt das Zuwerfen, kann der Abstand vergrößert werden!

● Tip:
Wenn die SpielerInnen das Werfen beherrschen, können sich alle Spielpaare in einen Kreis stellen und sich den Ballon gegenseitig zuwerfen und mit dem Tuch wiederauffangen!

Das hat Schwung!

Alter: ab 6
SpielerInnen: mind. 8
Material: Ballons, ein Schwungtuch

Die SpielerInnen verteilen sich um das Schwungtuch herum. Ein Ballon wird in die Mitte des Tuches gelegt. Die SpielerInnen nehmen nun das Schwungtuch und kullern den Ballon hin und her. Nach einer Weile kann versucht werden, den Ballon im Kreis rollen zu lassen.

● Tip:
Die SpielerInnen müssen in der Lage sein, sich an Regeln zu halten. Wenn an dem Schwungtuch gerissen oder gezerrt wird, kann das Spiel nicht funktionieren! Machen Sie die SpielerInnen darauf aufmerksam.

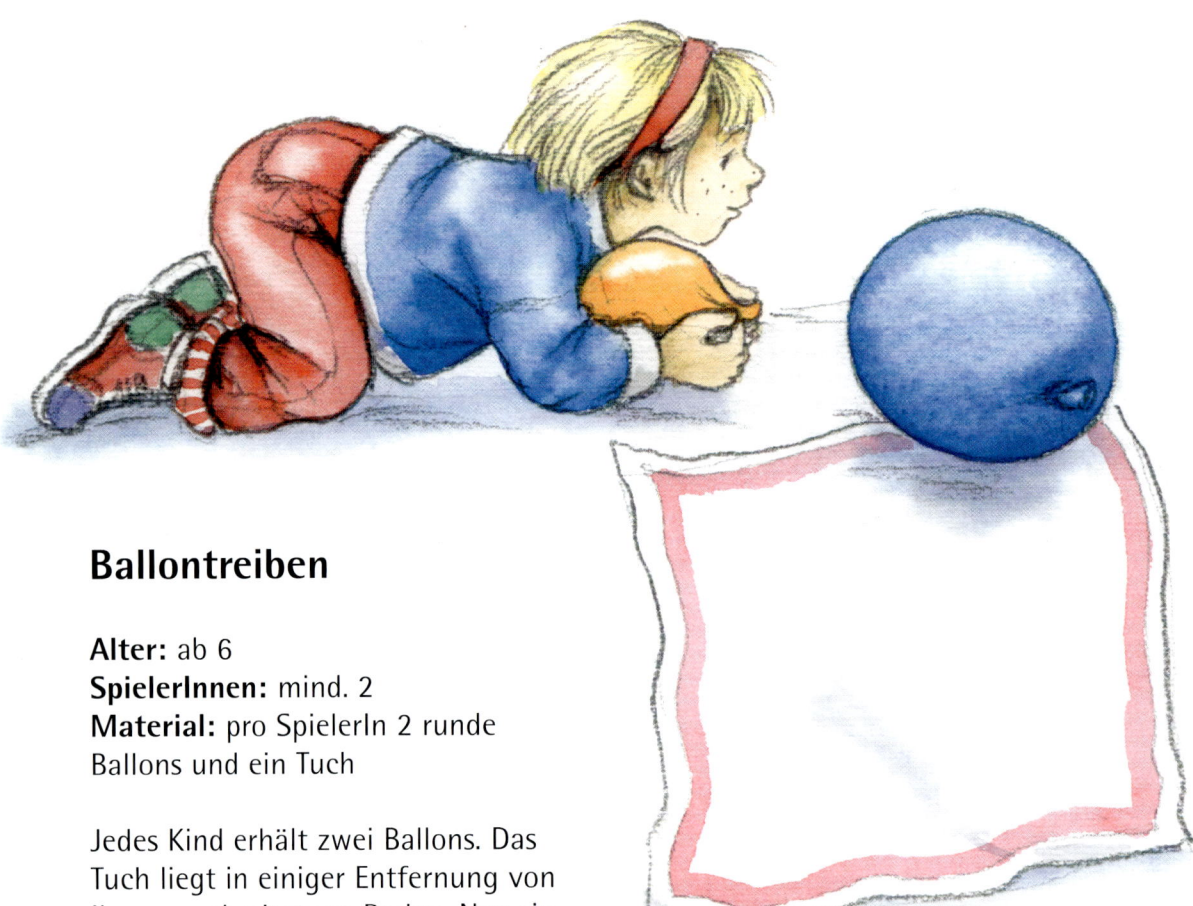

Ballontreiben

Alter: ab 6
SpielerInnen: mind. 2
Material: pro SpielerIn 2 runde
Ballons und ein Tuch

Jedes Kind erhält zwei Ballons. Das
Tuch liegt in einiger Entfernung von
ihm ausgebreitet am Boden. Nur ein
Ballon ist aufgeblasen. Dieser muß
nun mit Hilfe des zweiten Ballons auf
das Tuch befördert werden. Dazu
bläst das Kind den zweiten Ballon
ebenfalls auf und hält nun die Öffnung an den am Boden liegenden
Ballon. Die entweichende Luft treibt
diesen auf das Tuch zu. Ist die gesamte Luftmenge verbraucht, wie-
derholt sich das ganze, bis der erste
Ballon das Tuch erreicht.

● Tip:
Dieses Spiel macht viel Spaß, klappt
aber nur, wenn die SpielerInnen aufmerksam und ruhig sind. Man kann
im übrigen auch Wattebäuschchen
nehmen, die auf das Tuch befördert
werden müssen.
Das Spiel eignet sich eher für Schulkinder, da es in der Durchführung
nicht ganz einfach ist.

Ballonmenschen

Alter: ab 6
SpielerInnen: 1 oder mehr
Material: Ballons in allen Formen und Farben, Kordel

In der Mitte des Raumes liegt ein Berg von Ballons in verschiedensten Formen und Farben. Jeder Spieler erhält Kordelstücke und darf sich nun aus den Luftballons, die er braucht, einen Ballonmenschen basteln.

• Tip:
Es müssen ausreichend Ballons und Kordelstücke vorhanden sein. Bei jüngeren SpielerInnen ist es evtl. erforderlich, Hilfestellung zu geben, wenn die einzelnen Ballons aneinandergeknotet werden.
Die Phantasie und Kreativität der Kinder wird angeregt. Vielleicht möchten die SpielerInnen im Anschluß ausprobieren, was ihr Ballonmensch alles kann. Oder was wohl die SpielerInnen alles machen würden, wenn sie selbst ein echter Ballonmensch wären?

Verflixtes Zahlenspiel

Alter: ab 6
SpielerInnen: mind. 12
Material: Ballons

Jeder Spieler erhält einen Ballon, mit dem er laufen, hüpfen, krabbeln und viele andere Sachen machen kann. Ruft der Spielleiter jedoch eine Zahl, so müssen sich entsprechend viele SpielerInnen zusammenfinden. Dabei darf jedoch nicht gesprochen werden. Die SpielerInnen können sich durch Gestik oder Mimik verständigen!

• Tip:
Die SpielerInnen haben hierbei die Möglichkeit, sich rein pantomimisch verständlich zu machen. So haben hier auch Kinder eine Chance sich auszudrücken, die verbal Probleme haben. Außerdem wird das Gemeinschaftsgefühl gestärkt.

Von einem zum anderen

Alter: ab 7
SpielerInnen: mind. 8
Material: Ballons

Alle SpielerInnen sitzen im Kreis auf dem Boden oder auf Stühlen. Der erste Spieler erhält einen Ballon und klemmt ihn zwischen seine Füße. So reicht er ihn dem nächsten Spieler weiter, der ihn ebenfalls mit den Füßen entgegennehmen und weiterreichen muß. Die Hände dürfen dabei nicht zu Hilfe genommen werden!

• Tip:
Die SpielerInnen kommen zur Ruhe und werden motorisch herausgefordert. Das Spiel macht großen Spaß und fördert die Konzentration.

Ballonspiele mit Wasser

Hier
werden
spielerisch
grundlegende
Erfahrungen mit
dem Urelement Wasser
gemacht: Ballons werden mit
Wasser gefüllt und dadurch be-
schwert, sie schaukeln sanft auf den
Wellen eines Schwimmbeckens oder sie
zerplatzen, und Wasser spritzt nach allen
Seiten heraus! Spaß und ein bißchen
Schadenfreude sind garantiert, doch
Vorsicht: Jeden kann die kalte
Dusche erwischen!

Ein Schwimmbad voller Luftballons

Alter: ab 4
SpielerInnen: 2-6
Material: Ballons, ein aufblasbares Planschbecken, Wasser, Handtücher

Die Ballons werden mit Wasser gefüllt und ins aufblasbare Schwimmbecken gelegt. Nach dem Startzeichen springen die Kinder in das Planschbecken hinein, hüpfen oder laufen darin herum, lassen sich in die Ballons plumpsen, zertreten sie ...
Ein Riesenspaß vor allem für jüngere Wasserratten!

• Tip:
Es sollten nicht mehr als sechs Kinder mitspielen, es sei denn, Sie haben mehrere Schwimmbecken zur Verfügung. Sonst könnten sich die Kinder beim Herumtoben zu schnell verletzen. Das Spiel findet draußen statt, daher ist auch gutes Wetter erforderlich. Die SpielerInnen sollten ihre Kleidung weit vom Becken entfernt unterbringen und auch Handtücher und Badesachen nicht vergessen.

Die kunterbunte Regenraupe

Alter: ab 4
SpielerInnen: mind. 2
Material: runde bunte Ballons, Kordel oder Schnur, Wasser

Der Spielleiter bläst Ballons auf und füllt etwas Wasser hinein. Diese werden zu einer kunterbunten Regenraupe verarbeitet, indem man die Ballons hintereinander an eine Kordel knotet. Der Spielleiter zieht nun die Regenraupe hinter sich her. Die SpielerInnen versuchen, sie zu zertreten, damit es „regnet".

• Tip:
Die SpielerInnen sollten bei dem Spiel barfuß laufen oder Badeschuhe aus Gummi tragen, da die Füße bei dem „Regen" recht naß werden!
Bei jüngeren Kindern darf der Wurm nicht zu schnell gezogen werden. Außerdem gehen sonst die Ballons zu schnell kaputt!

Ballonwerfen

Alter: ab 6
SpielerInnen: mind. 2
Material: kleine Ballons, Wasser

Jedes Kind bekommt kleine, mit Wasser gefüllte Ballons. Diese dürfen nun geworfen werden, bis alle so richtig naß sind.

• Tip:
Bitte sagen Sie den Kindern vorher, daß sie nur auf die Beine zielen dürfen. Sonst ist die Verletzungsgefahr zu groß. Außerdem haben viele Kinder Angst vor Wasser, die so vermieden werden könnte. Füllen Sie nicht zuviel Wasser in die Ballons hinein!

Fang den Ballon, sonst wird es regnen

Alter: ab 6
SpielerInnen: mind. 8
Material: Ballons, Wasser

Alle SpielerInnen stehen im Kreis. Ein mit Wasser gefüllter Ballon wird hin und her geworfen. Wer hierbei nicht aufpaßt und den Ballon nicht richtig fängt, kann schon mal von einem Regenschauer überrascht werden.

• Tip:
Für das Spiel benötigen Sie mehrere Ballons. Achten Sie darauf, nicht zuviel Wasser hineinzufüllen, sonst zerplatzen sie zu schnell.
Wenn die Gruppe gut fangen und werfen kann, könnten verschiedene Ballons gleichzeitig ins Spiel gebracht werden, dann wird's schwieriger!

Schubkarrenrennen

Alter: ab 6
SpielerInnen: mind. 6
Material: Ballons, Wasser, Kreppband für Start- und Ziellinie

Die Kinder spielen paarweise. Ein Kind ist die Schubkarre, das andere der Arbeiter, der mit seiner Schubkarre etwas sehr Wackeliges, Zerbrechliches transportieren möchte. Auf den Rücken des Schubkarrenspielers wird ein mit Wasser gefüllter Ballon gelegt. Der Arbeiter faßt die Beine der „Schubkarre" und startet nach dem Signal von der markierten Linie aus. Dabei muß er ganz vorsichtig sein, denn der Ballon darf nicht von der Schubkarre herunterfallen!

• Tip:
Die Paare sollten ungefähr gleich groß und stark sein. Dann können sie sich in ihren Rollen abwechseln.

Mein kleiner Wasserfall

Alter: ab 6
SpielerInnen: mind. 2
Material: kleine runde Ballons, Wasser, Kordel

Die Ballons werden mit Wasser gefüllt, zugeknotet und an die Kordel gebunden. Diese befestigt man an einer Stange, einem Baum o.ä. Jeder Spieler darf nun versuchen, an die Ballons zu springen und diese zerplatzen zu lassen. Gelingt ihm das, so bekommt er als Dank eine herrliche Abkühlung!

• Tip:
Dieses Wasserspiel sollte man nur an warmen Tagen im Freien spielen. Im Sommer ist es eine lustige Spielmöglichkeit für groß und klein. Auch an Geburtstagen sorgt dieses Spiel für gute Unterhaltung und bietet neuen Anreiz.

Ballonschnappen

Alter: ab 8
SpielerInnen: mind. 2
Material: Ballons, Kordel oder Leine

Die Ballons werden mit etwas Wasser gefüllt. Man knotet sie an eine Leine, die vorher gespannt und befestigt wurde. Jedes Kind stellt sich unter einen Ballon und versucht, diesen zu zerbeißen. Wer es geschafft hat, kann erfrischt seinen Mitstreiter-Innen zusehen und sie anfeuern.

• Tip:
Die Ballons dürfen nur so hoch angebracht werden, daß auch der kleinste Spieler mit dem Mund herankommt!

Ballontauchen

Alter: ab 8
SpielerInnen: mind. 2
Material: kleine Ballons, eine Schüssel oder ein Eimer mit Wasser

Ein Ballon wird mit soviel Wasser gefüllt, daß er einerseits nicht zu schwer ist und untertauchen kann, andererseits aber auch nicht so leicht, daß er zu schnell wegrutscht. Dieser Ballon kommt in einen mit reichlich Wasser gefüllten Eimer. Jeder Spieler muß nun, ohne Einsatz der Hände, versuchen, diesen Ballon zu zerbeißen. Das ist recht kniffelig und nicht für wasserscheue Spieler-Innen geeignet!

• Tip:
Die SpielerInnen können hierbei jeweils allein oder in der Gruppe gegeneinander antreten. Das Spiel macht viel Spaß, allerdings kommt es vor, daß man Wasser schlucken muß oder daß die Kleidung naß wird. Badekleidung und gutes Wetter sind daher zu empfehlen.

Ballonspiele für eine gute Atmung

Begriffe und Redewendungen wie „Mir stockt der Atem", „atemberaubend" oder „sich Luft machen" sind sicherlich jedem geläufig. Sie weisen darauf hin, daß unser Atemrhythmus eng mit unseren Aktivitäten und Gefühlsregungen verknüpft ist; sind wir beispielsweise aufgeregt, so atmen wir schnell und flach, erschrecken wir uns, vergessen wir einen Moment lang, Luft zu holen. Umgekehrt kann eine gute und regelmäßige Atmung Einfluß auf unser Wohlbefinden nehmen; ich „atme erst einmal tief durch", und schon geht es mir besser. Oberhalb des Bauchnabels haben wir unseren wichtigsten Atemmuskel: das Zwerchfell. Wenn wir einatmen, zieht sich das Zwerchfell zusammen, und die Lungen füllen sich mit Sauerstoff. Dabei hebt sich der Bauch. Atmen wir aus, entspannt sich das Zwerchfell wieder, und der Bauch senkt sich. Das kann man gut beobachten und auch spüren, indem man sich auf den Rücken legt und während des Ein- und Ausatmens eine Hand auf den Bauch legt. Es ist wichtig, regelmäßig und tief zu atmen, damit sich die Lungen so weit wie möglich entleeren und dadurch wieder frischen Sauerstoff aufnehmen können; diesen benötigt unser Körper gerade dann, wenn er angespannt ist und unter Streß steht.

Durch gezielte Atemübungen und bestimmte Entspannungstechniken können wir zu unserem natürlichen Atemrhythmus zurückfinden. Der Körper wird wieder mit ausreichend Sauerstoff versorgt, und wir sind ausgeglichener und konzentrierter.

Zauber-Atem

Alter: ab 4
SpielerInnen: mind. 12
Material: -

Jedes Kind sucht sich einen Platz im Raum. Nun beginnen Sie zu erzählen:

Stellt euch bitte vor, daß ihr einen Zauber-Atem habt... Mit diesem wunderbaren Zauber-Atem könnt ihr die anderen Kinder verzaubern... Und zwar in kunterbunte Luftballons, die sich im Kreis drehen und umhertanzen... Aber Ballons bewegen sich ganz sacht und leise... Nun haben die Ballons genug getanzt und gehen weiter durch den Raum... Jeder von euch hat den Zauber-Atem und jeder kann auch selbst verzaubert werden... Geht also ganz leise durch den Raum... Bitte stoßt nicht aneinander... Wenn ihr auf einen anderen trefft, könnt ihr ihn verzaubern, indem ihr tief Luft holt und diese Luft dem anderen entgegenhaucht... Ganz vorsichtig... Denn ein Zauber-Atem ist ganz behutsam...

Wer verzaubert wird, darf sich drehen und fliegen wie ein Luftballon... Aber Vorsicht... berührt niemanden!

• Tip:
Die Kinder lernen hierbei, bewußt und intensiv zu atmen. Wichtig ist es, sanft zu hauchen, bis der ganze Zauber-Atem aus dem Körper verbraucht ist. Demonstrieren Sie es!

58

Tanz auf dem Atem

Alter: ab 5
SpielerInnen: 1 oder mehr
Material: kleine Ballons

Jeder Spieler bekommt einen kleinen Ballon. Dieser wird nun aufgeblasen und zugeknotet. Mit Hilfe des Atems soll versucht werden, den Ballon in der Luft tanzen zu lassen. Wer schafft es am längsten?

● Tip:
Die SpielerInnen bekommen ein Gefühl für ihre Atmung. Durch das kräftige Ein- und Ausatmen wird der Körper sehr gut mit Sauerstoff versorgt. Das macht einen frischen, klaren Kopf und steigert die Konzentrationsfähigkeit.

Strohhalmweitpusten

Alter: ab 6
SpielerInnen: mind. 2
Material: Ballons, Kreppband, Strohhalme

Jedes Kind erhält einen Ballon und einen Strohhalm. Eine Start- und eine Ziellinie werden mit Hilfe des Klebebandes markiert. Die SpielerInnen stellen sich an der Startlinie auf. Bei „Los" knien sie sich hin und versuchen, durch Pusten mit dem Strohhalm ihren Ballon möglichst schnell ins Ziel zu bringen.

● Tip:
Auch hierbei wird der Körper durch das schnelle Ein- und Ausatmen mit einer großen Menge Sauerstoff versorgt.
Falls keine Strohhalme vorhanden sind, kann man das Spiel auch ohne sie durchführen, indem man nur durch Pusten versucht, den Ballon ins Ziel zu bringen.

59

Ich blase meinen Ballon auf

Alter: ab 6
SpielerInnen: 1 oder mehr
Material: Ballons

Jedes Kind erhält einen Ballon. Dieser wird nun aufgeblasen, bis er dick und rund ist. Ist der Ballon groß genug, kann der Spaß losgehen: Jeder läßt seinen Ballon einfach los. Die Luft entweicht, und der Ballon saust durch den Raum.

• Tip:
Halten Sie die Kinder dazu an, beim Aufblasen auf ihren Atem zu achten:
- Woher kommt die Luft, die ich in den Ballon blase?
- Wie oft muß ich in den Ballon pusten, bis er ganz aufgeblasen ist?
- Wie fühle ich mich, nachdem ich den Ballon aufgeblasen habe?
Diese Fragen könnten bei einer anschließenden Gesprächsrunde erörtert werden. Vielleicht fallen den Kindern Situationen ein, bei denen sie ihren Atem deutlich spüren konnten.

Ballonpusten

Alter: ab 6
SpielerInnen: mind. 8
Material: Ballons, Kreppband

In der Mitte des Raumes wird mit Hilfe des Klebebandes ein Kreis markiert. Dort wird der Ballon hineingelegt. Die SpielerInnen verteilen sich um den Kreis. Dann versuchen alle, den Ballon durch kräftiges Pusten aus dem Kreis zu befördern. Aller-dings sollte der Ballon bei den gegnerischen SpielerInnen hinausfliegen. Denn derjenige, der nicht genug Puste hat, verliert.

• Tip:
Wie bereits bei den anderen Übungen wird dem Körper hier vermehrt Sauerstoff zugeführt.
Ideal also wieder als Vorbereitung auf eine Konzentrationsübung.

Stell dir vor...

Alter: ab 7
SpielerInnen: 1 oder mehr
Material: -

Jedes Kind legt sich auf den Rücken und schließt seine Augen. Sie beginnen zu erzählen:

„Lege dich nun bequem hin, und schließe deine Augen... Versuche, auf deinen Atem zu achten... Kannst du spüren, wie die Luft, die du einatmest, bis tief in deinen Bauch fließt... Wenn du magst, kannst du deine Hand auf deinen Bauch legen und spüren, wie sich dein Bauch beim Einatmen hebt und wieder senkt, wenn du ausatmest...
(60 Sek. Zeit lassen)
Versuche, dir all das vorzustellen, was ich nun erzählen werde... Du hast einen roten Luftballon geschenkt bekommen... Um mit dem Ballon spielen zu können, mußt du ihn natürlich erst einmal aufblasen... Atme nun tief in deinen Bauch hinein... Und nun puste die Luft kräftig hinaus... Jetzt kannst du dich einen Moment ausruhen... Atme nun wieder tüchtig ein, so daß viel Luft in deinen Bauch hineinströmen kann... Und nun muß die Luft in den roten Ballon hinein... Puste die Luft in den Ballon. Bis keine Luft mehr aus deinem Körper herauskommt... Atme wieder neue Luft ein... Laß deinem Atem etwas Zeit, bevor du den Ballon weiter aufbläst... Der Ballon ist schon ein Stück gewachsen... Atme kräftig ein, und puste die Luft in deinen Ballon hinein... Laß den Ballon durch deinen Atem wachsen... Noch ein Stück... Und nun mach noch einmal eine kleine Pause... Noch ein letztes Mal tief, tief Luft holen und mit aller Kraft die Luft in den roten Ballon hineinpusten... Kräftig pusten... Und nun darfst du deinen Ballon fest zuknoten...
Wenn du möchtest, komme langsam zurück und öffne deine Augen!"

• Tip:
Sprechen Sie mit den Kindern über die Erfahrungen, die sie bei dieser Übung gemacht haben. Fragen Sie sie:
- Konntet ihr euch vorstellen, wie der Ballon größer wurde?
- Wie habt ihr euch gefühlt?
- Wie groß ist euer Ballon geworden?
- Konntet ihr euren Atem spüren?
- Wie hat sich euer Körper angefühlt, als ihr den Ballon aufgeblasen habt?

Atemreise

Alter: ab 8
SpielerInnen: 1 oder mehr
Material: -

Die SpielerInnen stellen sich so hin, daß sie einen festen Stand haben. Am besten stellen sie dazu die Füße hüftbreit auseinander und drücken die Knie nicht ganz durch. Dann beginnen Sie Ihre Geschichte:

„Schließe deine Augen… Lenke deine Aufmerksamkeit auf die Spitze deiner Nase… Spüre deine Nasenspitze… Dann deine Nasenlöcher… Kannst du spüren, wie die Luft, die du einatmest, durch deine Nasenlöcher in deinen Körper strömt… Durch die Nasengänge… Die Luft strömt durch Rachen und Hals… Atme ganz ruhig und gleichmäßig weiter… Stell dir nun vor, du wärst ein Ballonmensch und ganz aus weichem, dehnbarem Gummi… Aber du möchtest noch wachsen und größer werden… Versuche nach und nach, deinen Atem in alle Teile deines Körpers zu schicken… Wie bei einem Ballon strömt die Luft in dich hinein… Schicke diese Luft zuerst in deinen rechten Arm… Laß alle Luft in deinen rechten Arm und auch in die rechte

Hand... Schicke so lange die Luft in deinen rechten Arm, bis er so groß ist, wie du es dir wünschst... Mit jedem Atemzug wirst du größer... Nun schicke deinen Atem in deinen linken Arm... Laß deinen linken Arm wachsen, und vergiß nicht, deine linke Hand mitwachsen zu lassen. Laß nun deinen Bauch ganz dick werden... Atme immer in deinen Bauch hinein... Bis er riesengroß ist, wie bei einem Ballonriesen... Ist der Bauch nun dick und rund, so schicke die Luft noch in deine Beine... Dorthin ist der Weg am längsten... Nimm erst das rechte Bein, und laß es wachsen... Schicke all die Luft, die du durch deine Nase einatmest, in dein rechtes Bein... Laß dein rechtes Bein immer größer werden... Zum Schluß schicke noch Luft in deinen rechten Fuß... Auch er muß wachsen, damit er dich gut tragen kann... Dann laß die Luft in dein linkes Bein wandern... Immer mehr und mehr. Ist dein linkes Bein endlich groß genug, so schicke noch etwas Luft in deinen linken Fuß... Sehr schön... Nun schau dich in Gedanken mal an... Wie gefällst du dir als Ballonmensch? Komm nun langsam hierher zurück, und öffne deine Augen, wenn du bereit dazu bist..."

• Tip:
Bitten Sie die Kinder anschließend in eine Gesprächsrunde. Bei diesen Übungen machen die SpielerInnen immer viele interessante Erfahrungen und sammeln neue Eindrücke. Geben Sie ihnen daher die Möglichkeit, von der Übung zu berichten. Auch für Sie als SpielleiterIn ist es wichtig, um zu erfahren, wie sich die einzelnen SpielerInnen dabei gefühlt haben. Möchten die SpielerInnen sich verbal nicht dazu äußern, geben Sie ihnen Gelegenheit, das Erlebte zu malen, pantomimisch darzustellen oder aufzuschreiben.

Ein Atem-Parcours

Alter: ab 8
SpielerInnen: mind. 4
Material: Ballons, Stühle oder andere Hindernisse

Im Raum wird mit Hilfe von Gegenständen ein Parcours aufgebaut. Jeder Spieler erhält nun einen aufgeblasenen Ballon. Dieser muß durch kräftiges Pusten an den Hindernissen vorbei, durch sie hindurch oder über sie hinweg ins Ziel gebracht werden.

• Tip:
Es wird geübt, seinen Atem bewußt einzusetzen und dem Körper dadurch vermehrt Sauerstoff zuzuführen. Dies ist sinnvoll und notwendig, denn bei ausgiebiger Bewegung und großer Anstrengung hat der Körper einen erhöhten Sauerstoffbedarf.

65

Ballonspiele zur Schulung der Sinne

Kinder lernen besser und schneller, wenn sie all ihre Sinne einsetzen, wenn sie nicht nur visuell wahrnehmen, sondern auch hören, riechen, schmecken, fühlen! Vielleicht versteht Ihr Kind eine Rechenaufgabe eher, wenn es sie an der Tafel geschrieben sieht und zusätzlich den Klang der Aufgabe im Ohr hat? Oder wenn es sie sogar anhand vor ihm liegender Gegenstände nachzählen kann?

Doch geht es nicht nur um das Lernen, auch die Erlebnisfähigkeit und -tiefe nimmt zu, wenn wir mit verschiedenen Sinnen arbeiten. Den Zauber einer Blume beispielsweise macht nicht nur ihre leuchtende Farbe, sondern auch ihr süßer Duft und ihre zarten Blätter aus. Voraussetzung für dieses umfassende Erleben allerdings ist die bewußte Körperwahrnehmung, die unter anderem auf den folgenden Seiten geübt werden soll.
Viel Spaß dabei!

Tief unten bei den Wurzelkindern

Alter: ab 4
SpielerInnen: mind. 6
Material: Ballons, Kissen, Bettlaken oder Tücher

Die SpielerInnen machen einen kleinen Ausflug unter die Erde zu den Wurzelkindern. Dazu werden viele Ballons und Kissen auf den Boden gelegt und mit Laken oder Tüchern bedeckt. Alle SpielerInnen können sich nun auf den Weg zu den Wurzelkindern machen und unter die Laken kriechen. Da es unter der Erde ziemlich dunkel ist, muß man vorsichtig sein. Es kann schon mal passieren, daß man gegen einen Klumpen Erde (Ballons, Kissen) stößt. Doch diese lassen sich leicht zur Seite schieben. Treffen die Kinder auf ein Wurzelkind, so reichen sie sich die Hände und krabbeln weiter auf der Suche nach anderen BewohnerInnen.

● Tip:
Die SpielerInnen können sich bei diesem Spiel nur auf den Tastsinn und ihr Gehör verlassen. Vielleicht haben Sie die Möglichkeit, den Raum abzudunkeln, dann wird es noch spannender.
Nach Möglichkeit sollten die SpielerInnen nicht sprechen!

Die Unterwasserreise

Alter: ab 4
SpielerInnen: mind. 4
Material: Ballons, Papprollen, Bälle, Kissen, Seilchen, Bauklötze o.ä., Decken

Alle Gegenstände und Ballons werden auf dem Boden verteilt. Es sollten keine spitzen Dinge dabei sein, damit die Ballons nicht kaputtgehen und sich die SpielerInnen daran nicht verletzen können! Darüber werden die Decken gelegt. Die SpielerInnen unternehmen nun eine Unterwasserreise und stellen fest, daß viel Müll in das Wasser geworfen wurde. Man kann die glitzernden Luftblasen (Ballons) überhaupt nicht mehr bewundern.

Die SpielerInnen krabbeln unter die Decken und befreien das Wasser von all dem Dreck und Unrat. Haben sie etwas anderes als die Luftblasen gefunden, nehmen sie es und krabbeln damit ans Ufer (den Deckenrand). Dort können die Dinge erst einmal abgelegt werden, bis das Wasser sauber ist.

• Tip:
Dieses Spiel fördert den Tastsinn. Die SpielerInnen müssen genau erspüren, was auf dem Grund des Wassers liegt. Stellen sie fest, daß es sich nicht um eine Luftblase handelt, müssen sie ihrem Orientierungssinn folgen und den Müll ans Ufer bringen.

Kuddelmuddel

Alter: ab 4
SpielerInnen: mind. 6
Material: Ballons, eine Decke oder
ein Schwungtuch

In die Mitte des Raumes werden Ballons gelegt. Darüber wird die Decke
oder das Schwungtuch gebreitet. Die
SpielerInnen setzen sich im Kreis um
die Decke und stecken nacheinander
ihre Füße in dieses Kuddelmuddel.
Die SpielerInnen können versuchen,
andere Füße zu finden und diese zu
„begrüßen" oder sie zu kitzeln.
Vielleicht gelingt es den SpielerInnen
auch zu erraten, wem welche Füße
gehören!

• Tip:
Dieses Spiel muß ohne Schuhe gespielt werden. Sonst kann man nicht
fühlen, was sich unter der Decke
alles findet. Ein anderes Ziel des
Spieles könnte es sein, mit den Füßen
aus dem Kuddelmuddel einen Ballon
herauszufischen.

Das Land der Träume

Alter: ab 4
SpielerInnen: mind. 6
Material: Tücher, Ballons in verschiedenen Formen und Größen

Der gesamte Boden wird mit Ballons bedeckt. Den SpielerInnen werden die Augen verbunden. Sie beginnen nun die Reise durchs Land der Ballons. Im Hintergrund erklingt leise Musik, die zum Träumen einlädt.

• Tip:
Wer möchte, kann auch auf allen vieren krabbeln oder mit nackten Füßen herumspazieren. Aber Vorsicht! Die Ballons dürfen nicht zertreten werden!
Die SpielerInnen können sich ganz in die Wahrnehmung der Ballons vertiefen. Sie „baden" in den Ballons, krabbeln, befühlen oder werfen sie etc. Dadurch wird die gesamte Wahrnehmung sensibilisiert.

Die Verkehrsampel

Alter: ab 4
SpielerInnen: mind. 6
Material: je ein roter, gelber und grüner Ballon

Ein Spieler stellt die Verkehrsampel dar. Er hat die drei Ballons vor sich liegen, die er, je nach angezeigter Farbe, hochhält. Die anderen Spieler-Innen stellen den Verkehr dar, der auf den Straßen auf und ab fährt. Doch der Verkehr muß geregelt werden, damit keine Unfälle passieren. Deshalb ist jeder Verkehrsteilnehmer verpflichtet, auf die Ampel zu achten!
Bei Grün können alle Fahrer schnell im Raum umherflitzen. Zeigt die Ampel dann Gelb, sollten die Fahrer langsam abbremsen. Leuchtet Rot, so müssen sofort alle stehenbleiben!

• Tip:
Bei dem Verkehrsspiel müssen die SpielerInnen sehr aufmerksam und konzentriert sein. Das Spiel arbeitet mit Spannung und Entspannung: Zeigt die Ampel Rot, müssen die SpielerInnen ganz still stehen und warten. Bei Grün geht's los, da können sie sich schnell bewegen, bis die Ampel wieder umspringt. Die visuelle Wahrnehmung wird gefordert. Denn im Verkehr muß schnell gehandelt und genau beobachtet werden!

Schatzsuche

Alter: ab 4
SpielerInnen: 1 oder mehr
Material: ein Pappkarton, Ballons, ein Tuch, ein kleiner Schatz

Ein Pappkarton wird mit Ballons gefüllt. Dazwischen befindet sich ein kleiner Schatz. Informieren Sie die SpielerInnen darüber, was es für ein Schatz ist (ein Tennisball, ein Bauklotz, ein Apfel oder ein Bonbon), damit sie wissen, wonach sie überhaupt suchen müssen. Nun werden einem Spieler die Augen verbunden. Er geht jetzt auf Schatzsuche. Wenn er lang genug wühlt und fühlt, wird er den Schatz schon finden!

• Tip:
Dieses Spiel fördert wiederum den Tastsinn. Außerdem sind die SpielerInnen hochmotiviert, denn den gefundenen Schatz dürfen sie selbstverständlich behalten!

Ein Bett zum Träumen und Entspannen

Alter: ab 4
SpielerInnen: 1 oder mehr
Material: Ballons, Kissenbezüge, Bettücher, Kissen, Decken

In einem Raum werden Kissen, Decken und mit Ballons gefüllte Kissen- und Bettbezüge ausgelegt. Die SpielerInnen sind müde vom Toben und wollen sich ausruhen. Dazu braucht man ein gemütliches Bett. Das kann aus den ausliegenden Dingen schnell gezaubert werden. Jeder macht es sich so richtig gemütlich. Sind alle eingekuschelt und fühlen sich wohl, kann eine schöne Geschichte erzählt werden!

• Tip:
Wie wäre es mit einer Entspannungs- oder Phantasiereise aus dem nächsten Kapitel?

Hört mal,
was mein Ballon erzählt!

Alter: ab 4
SpielerInnen: 1 oder mehr
Material: pro SpielerIn einen Ballon

Jeder Spieler erhält einen Ballon.
Nun darf experimentiert werden, welche Geräusche dieser Ballon hervorbringen kann. Man kann ihn aufpusten, die Luft entweichen lassen, hineindrücken, ihn an der Wand reiben...

● Tip:
Das Spiel kann auch im Kreis gespielt
werden: Ein Spieler macht ein Geräusch vor, die anderen SpielerInnen
erraten mit geschlossenen Augen,
wie mit dem Ballon das Geräusch gemacht wurde.
Bei diesem Spiel steht wieder die
Schulung des Gehörs im Vordergrund!

Bunte Blumenwiese

Alter: ab 5
SpielerInnen: mind. 12
Material: Ballons in verschiedenen Farben

Die bunten Ballons werden auf der Wiese bzw. dem Boden verteilt. Nun gehen die SpielerInnen im Raum umher, ohne auf die Ballons zu treten. Ein Spieler, der außerhalb der „Wiese" steht, ruft nach einer Weile eine Farbe. Nun müssen die anderen SpielerInnen sich eine Ballonblume der entsprechenden Farbe suchen. Hat jeder Spieler eine solche Blume gefunden, werden die Ballons auf die Wiese zurückgelegt, und alle wandern weiter. Bis der Spieler eine neue Farbe ruft. Dann heißt es wieder, schnellstens eine Blume in dieser Farbe zu finden ...

• Tip:
Dieses Spiel fördert die Konzentration und die Reaktionsfähigkeit. Der Spieler, der die Farben ruft, sollte von Zeit zu Zeit ausgewechselt werden, damit auch er aktiv am Spielgeschehen teilhaben kann!
Es müssen ausreichend Ballons in verschiedenen Farben vorhanden sein.

Wir fahren in Urlaub

Alter: ab 5
SpielerInnen: mind. 2
Material: Ballons in verschiedenen Formen

Die Familie will in Urlaub fahren. Die großen Ferien haben begonnen, die Koffer sind gepackt, und los geht es. Das Auto wird vollgeladen: Ein Spieler stellt das Auto dar und erhält von seinem Mitspieler viele Ballons, die das Auto auf irgendeine Weise befördern muß. Ob die Ballons unter die Arme geklemmt werden, unters Kinn, zwischen die Beine, unter den Pulli o.ä. spielt hierbei keine Rolle. Aber das gesamte Gepäck muß mit! Sind die „Taschen" und „Koffer" verstaut, steigt der Spieler ins Auto: Dazu stellt er sich hinter den beladenen Spieler und versucht, diesen durch den Raum zu lenken. Doch das ist nicht ganz einfach, denn der Fahrer kann über die Ballons hinweg nicht allzuviel sehen. Außerdem ist Ferienzeit, und es sind viele andere Autos unterwegs!

● Tip:
Bei diesem Spiel kommt es auf verschiedene Fähigkeiten an. Der Spieler, der den Wagen lenkt, muß einfühlsam und vorsichtig sein und versuchen, einen Zusammenstoß mit anderen Wagen zu vermeiden.
Der Spieler, der das Auto darstellt, soll testen, wie viele Ballons er tragen kann. Phantasie und Geschicklichkeit sind hier gefragt. Außerdem sollen sich die SpielerInnen nach der Ferienreise austauschen und berichten, wie es ihnen ergangen ist. Das ermöglicht ihnen, sich in andere hineinzuversetzen. Die Rollen können auch getauscht werden. Dann könnten die SpielerInnen erzählen, welche Rolle ihnen leichtergefallen ist.

Komm und deck mich zu

Alter: ab 5
SpielerInnen: mind. 2
Material: Ballons, pro Spielpaar
eine Decke

Ein Spieler sucht sich im Raum einen schönen Platz und legt sich dort hin. Der Spielpartner deckt ihn behutsam zu. Dann holt er sich viele Luftballons, die er seinem „müden" Mitspieler unter die Decke steckt. Der liegende Spieler teilt mit, wann genug Ballons unter der Decke sind. Nun kann er seine Augen schließen und spüren, wie die Ballons sich anfühlen, ob er schätzen kann, wie viele Ballons unter der Decke liegen etc. Lassen Sie den liegenden SpielerInnen Zeit. Die anderen müssen währenddessen ganz still sein, damit die „müden" Spieler nicht gestört werden. Vielleicht haben die SpielerInnen, die noch nicht unter der Decke waren, Lust, sich so auf den Boden zu legen, um nachher vergleichen zu können, was schöner war!

● Tip:
Dieses Spiel sollte nur mit SpielerInnen gespielt werden, die in der Lage sind, zwei bis drei Minuten still zu sein. Im Hintergrund kann leise, ruhige Musik spielen, aber nur solange die Ballondecken gebaut werden. Sonst kann die Musik die SpielerInnen davon ablenken zu spüren, wie sich die Ballons auf dem Körper anfühlen!

Ich suche die Zauberkugel

Alter: ab 5
SpielerInnen: mind. 2
Material: ein schöner großer Ballon, ein Tuch und ein Holzlöffel

Einem Spieler werden die Augen verbunden. Ein anderer Spieler versteckt in der Zwischenzeit irgendwo im Raum einen Ballon. Nun bekommt der „blinde" Spieler einen Holzlöffel in die Hand und macht sich auf allen vieren auf die Suche nach der „Zauberkugel". Dabei klopft er mit seinem Zauberkugelsuchgerät (dem Holzlöffel) auf dem Boden herum, bis er die Kugel erwischt hat!

• Tip:
Das Spiel ermöglicht es den SpielerInnen, sich mit geschlossenen Augen zu orientieren, Vertrauen zu entwickeln und zuzuhören. Denn die anderen SpielerInnen dürfen durch die Zurufe „heiß" und „kalt" bei der Suche nach der Zauberkugel helfen! Achten Sie darauf, daß keine Hindernisse im Weg stehen oder die restlichen SpielerInnen ein Feld abgrenzen.

Zauberkissen

Alter: ab 6
SpielerInnen: 1 oder mehr
Material: Ballons, Kissenbezüge

In den Kissenbezügen stecken jeweils unterschiedliche Mengen Luftballons. Das sind die Zauberkissen. Die SpielerInnen nehmen sich ein Zauberkissen und versuchen, durch Abtasten und Fühlen herauszufinden, wie viele Ballons in diesem Zauberkissen stecken.

• Tip:
Dieses Spiel fördert den Tastsinn. Außerdem muß hier gezählt werden, wie viele Ballons im Zauberkissen versteckt sind!
Bei älteren SpielerInnen kann man die Aufgabe erschweren, indem man Ballons von unterschiedlicher Form und Größe in die Kissen steckt!

Der Ballondieb

Alter: ab 6
SpielerInnen: mind. 12
Material: ein kleiner Ballon

Ein Spieler ist der Ballonbesitzer, der sein Hab und Gut unter gar keinen Umständen verlieren möchte. Aber auch er muß ab und zu einmal schlafen ... Wie zum Beispiel jetzt. Er liegt auf dem Bauch, die anderen stehen im Kreis um ihn herum. An seinem Kopf liegt der Ballon. Leider ist dieser bei Dieben heißbegehrt. Immer wieder versuchen sie, den Ballon zu stibitzen. Ein Spieler, auf den der Spielleiter stumm zeigt, darf sich an den schlafenden Besitzer heranschleichen und den Ballon stehlen. Der Dieb geht mit seiner Beute an seinen Platz zurück und legt diese hinter sich. Die übrigen SpielerInnen rufen nun gemeinsam „Haltet den Dieb!", und da wacht der Ballonbesitzer auf. Er darf nun im Kreis nacheinander max. drei MitspielerInnen des Diebstahls beschuldigen. Hat er den Dieb erwischt, wechselt dieser in die Mitte und spielt den Ballonbesitzer.

• Tip:
Während dieses Spiels müssen alle ganz leise sein, damit der Ballonbesitzer auch gut hören kann, aus welcher Richtung sich der Dieb anschleicht und wohin er zurückkehrt. Und auch wenn der Besitzer die drei Diebe beschuldigt, müssen alle still sein. Denn der Dieb darf durch nichts verraten werden! Dabei wird die Aufmerksamkeit gefördert, das Gehör geschult und auch die Ruhe geübt. Obwohl bei den SpielerInnen eine gewisse Spannung entstehen wird, ist es doch ganz still und leise. Ein schönes Spiel auch für jüngere SpielerInnen.

Überraschung!

Alter: ab 6
SpielerInnen: 1 oder mehr
Material: schöne große Ballons,
Material zum Füllen (Konfetti, Reis,
Federn, Wasser, Watte, kleine
Holzkugeln o.ä.)

Die Ballons werden mit jeweils einem
Material gefüllt und aufgeblasen. Die
SpielerInnen sitzen im Kreis auf dem
Boden. Die gefüllten „Überraschungs-
ballons" liegen in der Mitte.
Jeder Spieler darf sich einen Überra-
schungsballon nehmen und ihn vor-
sichtig bewegen oder schütteln.
Dadurch soll herausgefunden werden,
was sich darin befindet.

● Tip:
Dieses Spiel schult das Gehör. Es ist
allerdings gar nicht so leicht heraus-
zuhören, um welches Material es sich
jeweils handelt. Für jüngere Spieler-
Innen könnten Sie das Füllmaterial
zusätzlich in die Mitte legen. Die
Ballons müßten dann dem jeweiligen
Material zugeordnet werden.

Mein eigener Ballon

Alter: ab 7
SpielerInnen: mind. 8
Material: Ballons in unterschied-
lichen Formen und Größen

Alle SpielerInnen sitzen im Kreis auf dem Boden. In der Mitte befinden sich aufgeblasene Ballons. Jeder der SpielerInnen sucht sich einen Ballon aus. Dieser wird befühlt. Jeder muß seinen Ballon gut kennen: Größe, Form, wie liegt er in der Hand etc. Nun kommen alle Ballons wieder in die Mitte, und die SpielerInnen schließen die Augen. Der Spielleiter gibt nun Ballon für Ballon in die Runde. Die SpielerInnen versuchen durch Tasten, ihren Ballon herauszufinden. Währenddessen wird kein Wort gesprochen. Wer seinen Ballon erkannt hat, legt ihn vor sich hin, hält aber seine Augen noch geschlossen und gibt die folgenden Ballons weiter. Er kann dennoch die anderen Ballons befühlen, um den Unterschied zum eigenen festzustellen.

● Tip:
Dieses Spiel fördert Tastsinn und Konzentrationsfähigkeit. Nebenbei wird das Gruppengefühl gestärkt, denn alle SpielerInnen sind aufeinander angewiesen. Jeder muß den Ballon weiterreichen und dabei behutsam vorgehen. Denn mit geschlossenen Augen sieht man natürlich auch seinen Nebenspieler nicht!
Bei älteren oder geübten SpielerInnen müssen sich die Ballonformen nicht mehr so deutlich voneinander unterscheiden. Allerdings wird es dann zunehmend schwieriger, seinen Ballon herauszufinden!

Phantasiereisen rund um den Ballon

Auf dem Rücken eines Schmetterlings durch die Luft fliegen, sich tief in eine Wolke hineinkuscheln oder als Ballon die Welt von oben betrachten - Phantasiereisen entführen uns für eine Weile aus dem hektischen Alltag und helfen uns, zur Ruhe zu kommen. Für Kinder wie für Erwachsene können sie ein hilfreiches Mittel sein, mit Problemen umzugehen und Ängste zu bewältigen. Hier kann alles erprobt und durchgespielt werden, wozu uns sonst oft einfach der Mut fehlt, hier überlassen wir uns ganz unseren Wünschen und Sehnsüchten. Gestärkt und mit neuem Selbstvertrauen kehren wir von unserer Reise zurück.

82

Bevor Sie mit den Kindern auf Phantasiereise gehen, probieren Sie es doch selbst einmal aus. Machen Sie es sich zunächst richtig gemütlich! Setzen Sie sich so hin, daß Sie sich wohl fühlen und entspannen können. Nun stellen Sie sich einen Ort vor, an dem Sie gern wären. Vielleicht möchten Sie auf einer Insel sein und unter Palmen liegen? Oder auf einer Wiese inmitten von Blumen sitzen? Wie wäre es mit einem schönen Garten? Wählen Sie selbst.

Wenn Sie sich nun für einen Ort entschieden haben, schließen Sie Ihre Augen... Versuchen Sie, Ihren Körper wahrzunehmen... Spüren Sie Ihren Körper... Ganz ruhig sind Sie nun... Achten Sie einen Moment auf Ihre Atmung... Ganz ruhig und regelmäßig geht ihr Atem ein und aus, ein und aus... Nun stellen Sie sich Ihren Ort vor, an dem Sie gern wären... Sehen Sie sich dort um... Wie sieht der Ort aus... Was gibt es alles dort zu sehen... Suchen Sie sich einen schönen Platz, wo Sie sich hinlegen können... Sie sind nun ganz ruhig und entspannt... Stellen Sie sich vor, wie die Sonne Ihren Körper wärmt... Genießen Sie die Ruhe an Ihrem Traumort... Vielleicht können Sie auch leise Geräusche wahrnehmen...

Schauen Sie die Farben an, die es an Ihrem Ort gibt... Ganz ruhig und entspannt liegen Sie da...
Wenn Sie genug neue Kraft getankt haben und sich wieder frisch fühlen, kommen Sie an den Ort zurück, an dem Ihr kleiner Ausflug begonnen hat... Recken und strecken Sie sich ausgiebig... Atmen Sie einige Male tief ein und aus...

Konnten Sie sich Ihren Ort vorstellen? Konnten Sie dort etwas hören oder sehen? Wie fühlen Sie sich jetzt?

Schicken Sie nun die Kinder auf Phantasiereise, so achten Sie darauf, daß Sie die Geschichten gut vorbereiten und flüssig vorlesen können. Lesen Sie mit ruhiger, klarer Stimme, und lassen Sie den Kindern nach den einzelnen Sätzen genug Zeit zum Weiterträumen. Erklären Sie den Kindern, daß sie während der Geschichten nicht sprechen und ihre Augen geschlossen halten sollen.
Kurz bevor es losgeht, sollten Sie den Raum gut durchlüften. Dann sucht sich jeder einen gemütlichen Platz. Leiten Sie jede Geschichte kurz ein, am besten mit immer gleichen Worten. Dies hilft den ZuhörerInnen abzuschalten und lenkt ihre Aufmerksamkeit auf die bevorstehende Reise.

Mögliche Einleitung:

„So, nun suche dir hier im Raum einen schönen Platz, an dem du es dir gemütlich machen möchtest... Wenn du dich für einen Platz entschieden hast, lege dich dorthin... Wenn du magst, kannst du deinen Kopf auf ein Kissen legen und dich mit einer Decke zudecken...

Dann schließe deine Augen und versuche einen Moment lang zu spüren, wie Dein Körper auf dem Boden liegt... Du bist ganz ruhig und entspannt... Höre nun der Geschichte zu, die ich dir heute mitgebracht habe."

Nach einer Phantasiereise muß man die TeilnehmerInnen wieder zurückholen. Die Geschichte ist zu Ende, die Entspannungsphase vorüber, und die Kinder müssen in die alltägliche Welt zurückkehren. Der Körper muß „geweckt" werden.

Das Zurückholen geht folgendermaßen:

„Nun komme mit deinen Gedanken wieder hierhin zurück, von wo du eben die Reise begonnen hast... Stelle dir diesen Raum in Gedanken vor... Du wirst gleich wieder ganz hier sein... (30 Sek. Zeit lassen)

Dann komme jetzt zurück, indem du deine Hände zu festen Fäusten ballst, dich tüchtig reckst und streckst, bis du wieder ganz wach und voller Kraft bist..."

85

Mein allerschönster Luftballon

Diese kurze Phantasiereise eignet sich besonders gut dazu, nach einem turbulenten Ballonspiel wieder zur Ruhe zu kommen. Die dort gemachten Erfahrungen helfen den Kindern, sich den Flug und die Bewegungen des Ballons vorzustellen.

„Stell dir vor, daß du in deinen Händen einen wunderschönen Luftballon hältst… Einen solch schönen Luftballon hast du noch nie zuvor gesehen. Schau ihn dir ganz genau an… Welche Farbe hat er… Oder ist dein Ballon bunt… Kannst du Muster auf dem Ballon erkennen… Wie groß ist der Ballon… Betrachte einmal seine Form… Nun wirf deinen Luftballon in die Luft… Beobachte, wie dein Ballon am blauen Himmel umhertanzt… Immer wieder kommt dein Ballon zu dir zurück… Schau mal, wie wunderbar dein Ballon fliegt… Lustige Bewegungen macht der Luftballon… Schön sieht das aus… Wo möchtest du am liebsten mit deinem Luftballon sein… Stell dir den Ort ganz genau vor… Wie sieht es dort aus… Schau dir deinen Ort genau an… Dann such dir an deinem Ort einen schönen Platz, an dem du mit deinem allerschönsten Luftballon spielen kannst… Wenn du an dem Platz angekommen bist, probiere einmal aus, was man mit dem Ballon alles machen kann… Wirf den Ballon noch einmal hoch… Ganz hoch fliegt der Ballon… Und dann schwebt er deinen Händen entgegen, die du hochstreckst, um den Ballon wieder auffangen zu können… Jetzt versuche, ihn so weit zu werfen, wie du nur kannst… Schau dir an, wie weit dein Ballon fliegen kann… Sehr weit… Nun lauf schnell hinter dem Ballon her und fang ihn wieder ein… Nun probiere selbst Din-ge aus, die dein Ballon kann oder die du mit dem Ballon machen möchtest, laß dir ruhig Zeit dabei…
(mind. 60 Sek.)
Nun ist es leider Zeit, zurückzukehren… Verabschiede dich von deinem Ballon, und schau ihn dir noch einmal ganz genau an… Dann kannst du den Ballon nachher malen, wenn du magst…"

Das Zurückholen bitte nicht vergessen!

Eine Reise
zu den Wolken

Die Geschichte bietet eine Möglichkeit, dem hektischen, lauten Alltag für eine Weile zu entfliehen.

„Stell dir vor, du gehst auf einem Bürgersteig eine Straße entlang... Plötzlich schweben drei Ballons auf dich zu... Ein Ballon ist so gelb wie ein Zitrone... Der zweite Ballon ist so blau wie das Meer... Und der dritte Ballon ist so rot wie eine Kirsche... ‚Hallo', begrüßen dich die Luftballons. Hier ist es aber laut! Hast du Lust, mit uns einen kleinen Ausflug zu machen? Wir bringen dich danach auch wieder hierhin zurück! Das versprechen wir dir!'

Du überlegst einen Moment, doch einen Ausflug mit drei Luftballons zu machen, das wäre schon etwas ganz Besonderes... ‚Gern', sagst du zu den drei Ballons... ‚Dann halte dich gut an uns fest. Wir werden dich sicher tragen', antworten dir die Ballons... Du hältst dich an den dreien fest, und los geht's... Immer höher und höher tragen dich die drei Luftballons... Sonderbar sieht die Stadt von hier oben aus... Alles ist ganz winzig klein, wie Spielzeug... Und den Lärm hört man hier oben auch nicht mehr... Ihr fliegt dem strahlend blauen Himmel entgegen. Dann kommt ihr zu einer wunderschönen, kusche-

87

ligen Wolke... Die Ballons fliegen zu der Wolke hin und setzen sich mit dir gemeinsam auf die weiße Wolke... Oh, ist das schön hier oben... Du legst dich auf den Rücken und kuschelst dich in die weiche Wolke hinein... Über dir siehst du den blauen Himmel... Ganz ruhig und still ist es hier oben... Du schließt deine Augen... Du merkst, wie ruhig und entspannt du nun bist... Die Sonne schickt einige ihrer warmen Strahlen zu dir und den Ballons herüber... Die Sonnenstrahlen wärmen deinen Körper, so daß du dich rundherum geborgen und glücklich fühlst... Du beginnst, vor dich hin zu träumen... (ca. 1-2 Min.)

Dann stupsen dich die drei Ballons ganz sacht an: ‚Hey, aufwachen! Es ist Zeit für den Rückflug!'

Du hältst dich wieder an den Luftballons fest, und gemeinsam verlaßt ihr die schöne Wolke... Ihr fliegt langsam auf die Stadt zu... Alles wird nun größer: die Häuser... Straßen... Autos... Bäume... Bis dich die Ballons wieder wohlbehalten auf der Erde absetzen... ‚Es war schön mit dir!' rufen die Ballons dir zu, doch bevor du etwas sagen kannst, sind sie schon fortgeflogen... Du kannst noch drei kleine Punkte am Himmel erkennen: einen gelben Punkt, so gelb wie eine Zitrone... Daneben einen blauen Punkt, so blau wie das Meer... Und etwas darunter schwebt der rote Ballon, der so rot wie eine Kirsche ist... ‚Das war ein wunderschöner Ausflug', denkst du und machst dich auf den Weg wieder hierhin zurück..."

Das Zurückholen bitte nicht vergessen!

Die Reise im Heißluftballon

Hier kann jeder seiner Phantasie freien Lauf lassen und fliegen, wohin er möchte. Außerdem wird ein Gefühl der Geborgenheit und Zufriedenheit vermittelt.

„Du befindest dich auf dem Schulhof (oder auf dem Hof vom Kindergarten)... Es ist ein regnerischer Tag... Du bist schlecht gelaunt, denn heute nachmittag wolltest du eigentlich draußen spielen... Plötzlich entdeckst du zwischen all den dunklen Regenwolken einen wunderschönen Heißluftballon... Er hat die Farben eines Regenbogens... An dem Ballon hängt ein großer Korb, in dem man mit dem Ballon fliegen kann... ‚Ach‘, denkst du, ‚wenn ich doch nur so einen wunderschönen Heißluftballon hätte, dann würde ich dorthin fliegen, wo schönes Wetter ist.‘ Der Heißluftballon wird größer und fliegt in die Richtung des Schulhofes (Hof vom Kindergarten)... Und da landet der Ballon auch schon... Aus dem Ballon heraus guckt ein freundliches Murmeltier... ‚Hallo du!‘ murmelt dir das Murmeltier zu... ‚Möchtest du mit mir fliegen?‘ ‚Was für eine Frage‘, denkst du und flitzt dem Murmeltier auch schon entgegen... Du kletterst in den Korb hinein... Da hebt sich der Heißluftballon auch schon wieder in die Lüfte... Ihr fliegt durch die dicken, grauen Regenwolken hindurch. ‚Na, wo möchtest du hinfliegen?‘ hörst du das Murmeltier murmeln... Du überlegst, aber dir fällt nichts ein... ‚Wie wäre es mit einer Zauberwiese? Oder vielleicht möchtest du lieber ins Land der 1000 Märchen? Wir könnten auch zu Alibaba und den 40 Räubern fliegen? Wir fliegen, wohin du nur willst...‘ Da weißt du endlich, wohin du möchtest... Du beugst dich zu dem Murmeltier herüber und flüsterst es dem freundlichen Tier ins wuschelige Ohr hinein... Das Murmeltier beginnt zu lächeln: ‚Das ist eine gute Idee, ja, genau dorthin fliegen wir!‘ Du schaust aus dem Korb des Heißluftballons nach unten, doch dort hängen nur die Regenwolken und warten, bis sie jemand anpiekst, damit sie sich von all den schweren Regentropfen befreien können... Doch das stört dich hier oben überhaupt nicht mehr... Du freust dich schon auf euer Reiseziel und genießt die frische Luft, die hier oben ist... Hier ist es ruhig und still... Nichts gibt es hier, was dir deine gute Laune verderben kann...

89

Auch das Murmeltier ist glücklich... Allein zu fliegen ist nämlich ziemlich langweilig... Immer näher kommt ihr dem Ziel, das du dir gewünscht hast... Und da, tatsächlich, der Heißluftballon wird langsamer und beginnt sacht, ganz sacht zu sinken... Bis er schließlich behutsam auf dem Boden aufsetzt... ‚Hurra', jubelt das Murmeltier. ‚Wir sind da, endlich da...' Und ihr klettert fröhlich aus dem Korb hinaus... Nun geht es los... Auf diesen Moment hast du soo lange gewartet... Hier wolltest du immer schon einmal hin... Mit großen Augen wanderst du umher... Alles schaust du dir genau an... Die Dinge, die du mit deinen Augen siehst, die Geräusche, die du hören kannst... Du nimmst mit deiner Nase wunderbare Gerüche wahr... Bei jedem Schritt spürst du den Boden unter dir... Es ist einfach großartig... Du kommst aus dem Staunen nicht mehr heraus... Nun hast du Zeit, um dich an deinem Ort genau umzusehen, alles auszuprobieren... Viel Spaß... (mind. 2-3 Min.)
Dann bittet dich das Murmeltier, deinen Wunschort zu verlassen, denn ihr müßt schließlich noch zurückfliegen... Als du in den Korb des Heiß-luftballons kletterst, spürst du, wie erschöpft du bist... Du legst dich gemütlich hin und schließt deine Augen... Dabei bist du ganz ruhig und entspannt... Du kannst spüren, wie schwer deine Arme und Beine von dem vielen Herumlaufen sind... Das Murmeltier deckt dich mit einer warmen Decke zu... Ganz warm und wohlig fühlst du dich... Und du beginnst zu träumen von all den schönen Sachen, die du eben erlebt hast...(mind. 60-90 Sek.)
‚Wir sind zurück!' hörst du das Murmeltier leise murmeln... Als du deine Augen wieder aufschlägst, siehst du den Schulhof (Hof des Kindergartens)... ‚Habe ich aber lange geträumt', denkst du und stehst auf... Bevor du aus dem Korb des Heißluftballons herauskletterst, nimmst du das freundliche Murmeltier in deine Arme und bedankst dich für den schönen Ausflug... Dann steigst du aus dem Korb heraus und winkst dem Murmeltier nach, bis du den Heiß-luftballon nicht mehr sehen kannst..."

Das Zurückholen bitte nicht vergessen!

Eine bunte Wolke aus Ballons

Die Phantasie und die Vorstellungs-
kraft werden durch die Handlung
angeregt; es werden Ruhe und Kraft
gegeben. Die Wolke vermittelt ein
Gefühl von Freiheit und Lebenslust.

„Es ist Nachmittag, und dir ist schreck-
lich langweilig… Da entdeckst du die
Packung mit Luftballons, die du neu-
lich geschenkt bekommen hast… Du
öffnest die Packung und nimmst einen herrlich grünen Ballon heraus…
Ist das eine schöne Farbe… Du hältst
die Öffnung des Ballons an deinen

Mund und pustest kräftig hinein…
Immer größer und größer wird der
grüne Ballon… Schließlich ist er groß
genug, und du knotest ihn zu… Dann
nimmst du einen blauen Ballon aus
der Packung… Du pustest und bläst
viel Luft in den blauen Ballon hinein… Auch dieser wird groß und
rund… Du knotest den Ballon zu und
wirfst ihn zu dem grünen Ballon hin-
über, den du vorher aufgeblasen
hast… Dann bläst du einen roten Ballon auf… Nun einen lilafarbenen. Bis
du schließlich alle Ballons aufgebla-

sen hast... Um dich herum liegen viele bunte Ballons... Jeder hat eine andere Farbe... Einer ist pink... Einer weiß wie eine Wolke... Das ist ein brauner Ballon, der so braun ist wie dein Teddy... Da entdeckst du auch einen hellblauen Ballon, der dunkle Punkte hat... ,Was soll ich bloß mit all diesen Ballons anfangen', denkst du... Doch dann hast du eine Idee... Du knotest all die wunderschönen, bunten Ballons zusammen... Wie eine Luftballonwolke sieht das nun aus...

Schön... Du legst dich auf die Wolke aus Ballons... Ist das schön... Du schließt deine Augen und träumst vor dich hin... In deinen Träumen liegst du auf der Luftballonwolke und fliegst dem blauen Himmel entgegen... Immer höher und höher trägt dich deine Wolke aus Luftballons... Da siehst du in einiger Entfernung etwas bunt schimmern... Du steuerst auf die bunt leuchtenden Punkte zu... Das ist lustig... Es ist auch eine Luftballonwolke, und darauf sitzt ein Freund von dir... Ihr winkt euch zu... Währenddessen kommt euch die nächste Ballonwolke mit einem Kind entgegen... Immer mehr Ballonwolken schweben durch die Luft... Ihr fliegt mit euren Wolken um die Wette... Immer schneller und schneller... Bis du völlig außer Atem bist und dich wieder in deine Ballonwolke ku-

schelst... Du bist nun ruhig und entspannt... Alles um dich herum ist ruhig und still... Die Sonne, die hoch am Himmel steht, wärmt dich... Du bist glücklich und fühlst dich rundherum wohl... Während du weiter durch den Himmel fliegst, spürst du, wie wieder neue Kraft und Energie in deinen Körper fließen... Immer mehr Kraft kehrt in deinen Körper zurück... Du bemerkst einen leichten Luftzug auf deiner Stirn... Der macht auch deinen Kopf ganz frisch und klar...
Nun wird es Zeit, die Reise auf der Ballonwolke zu beenden, aber morgen ist ein neuer Tag... Da wirst du wieder auf der Ballonwolke einen Ausflug machen..."

Das Zurückholen bitte nicht vergessen!

Ich verschönere die Schule/den Kindergarten

Viele Kinder leiden unter Ängsten, die eng mit der Schule oder dem Kindergarten verbunden sind. Diese Geschichte hilft ihnen, diese Angst zu bewältigen. Sie werden ermutigt, aktiv zu werden und zu handeln, sich alles nach ihrem eigenen Geschmack zu gestalten.

„Stelle dir deine Schule (Kindergarten) vor... Bestimmt könnte man sie verschönern... Wenn du magst, dann bekommst du Farben, Pinsel, Luftschlangen und viele, viele Luftballons... Mit all diesen Farben und Ballons darfst du nun mit der Verschönerung deiner Schule (Kindergarten) beginnen... Überlege dir gut, wo du anfangen möchtest... Dann nimm dir eine Farbe deiner Wahl, Luftschlangen und Luftballons, und begib dich zu der Stelle, an der du beginnen möchtest, die Schule (Kindergarten) neu zu gestalten... Male und gestalte dir die Schule (Kindergarten) so, wie es dir am allerbesten gefallen würde... Wo würdest du Ballons aufhängen... Verändere an dem Gebäude soviel du magst... Stell dir einfach vor, das Haus würde dir allein gehören und du dürftest es so schmücken und bemalen, wie es Kindern gefällt...

Die Luftballons, die du aufhängen kannst, haben viele tolle Farben... Es gibt dabei Ballons, die sind riesengroß... Ein Ballon sieht wie eine kleine Raupe aus... Ein anderer Ballon ist ganz weiß und hat die Form eines Schneemanns... Wenn du magst, kannst du ein Zimmer deiner Wahl leer räumen und es mit Luftballons füllen... Darin könnte man herrlich spielen, toben und Spaß haben... Fülle so viele Ballons in das Zimmer, wie du magst... Was würdest du in diesem Zimmer am liebsten mit den vielen Ballons spielen...?
(mind. 60 Sek.)
Wenn du nun alles geschmückt und fertig gestrichen hast, schau dir die Schule (Kindergarten) noch einmal ganz genau an... Gefällt dir das Haus nun besser...? Oder müßtest du noch mehr ändern...?
Für heute hast du genug verschönert... Wirf noch einen Blick auf die bunte Ballonschule (Kindergarten), und kehre wieder hierhin zurück..."

Das Zurückholen bitte nicht vergessen!

93

Ich sitze im Ballon

Kinder fürchten sich vor vielen Dingen. Oft fällt es ihnen schwer, mit dieser Angst umzugehen. Der Zauberballon ermöglicht es den Kindern, diese Situationen zu durchleben. Er vermittelt ihnen den dafür nötigen Abstand und Schutz.

„Stelle dir einmal vor, du hättest einen wunderschönen Ballon... Der Ballon hat deine Lieblingsfarbe... Schau ihn dir genau an... Es ist nämlich ein besonderer Ballon... Der Ballon kann zaubern... Wenn du ihn aufbläst, wird der Ballon größer... Du bläst und bläst... Immer größer wird der Ballon... Schließlich ist der Zauberballon so riesengroß, daß du in ihn hineinpaßt... Die Hülle ist so fest, daß sie nicht kaputtgehen kann... Vorsichtig kletterst du in deinen Zauberballon hinein... Schön ist es hier drin... Alles leuchtet in der Farbe deines Ballons... Doch das Allerschönste ist, daß du ganz sicher und geschützt bist... Der Ballon ist wie eine Schutzschicht, die aufpaßt, daß dir nichts passieren und niemand dich ärgern kann... Der Zauberballon hält dich fest, hier bist du geborgen... Vielleicht hast du dir schon einmal gewünscht, so einen Ballon zu besitzen, der dich vor allen Gefahren schützt... Überlege dir nun, wobei dieser Ballon dir helfen und wobei er dir nützlich sein könnte... Laß dir ruhig Zeit dabei... (mind. 2-3 Min.) Wenn du nun nachgedacht hast, sind dir bestimmt einige Situationen eingefallen, in denen du einen Zauberballon gebrauchen könntest... Merke dir die Dinge gut... Spüre noch einen Augenblick, was für ein Gefühl das ist, in einem Zauberballon zu sein... Schau dich noch einmal gut um, vielleicht gibt es hier Dinge, die du noch gar nicht bemerkt hast... So, nun klettere aus deinem Zauberballon wieder hinaus... Dann laß die Luft aus dem Ballon entweichen, bis er wieder ganz klein ist... Der Ballon ist nun so klein, daß er in deine Hosentasche paßt... Steck ihn dir in die Tasche hinein... Danach mache dich auf den Weg hierher..."
Das Zurückholen bitte nicht vergessen!

Ich bin ein Ballon

Die Kinder erhalten die Möglichkeit, etwas ganz Besonderes zu erleben. Die Phantasie und das Vorstellungsvermögen werden gefördert.

„Versuche, deinen Körper zu spüren... Deine Füße... Die Beine... Deinen Po... Deinen Bauch... Deine Schultern... Spüre deine Arme und Hände... Und nun fühle deinen Kopf... Wenn du magst, kannst du einen Moment lang deine Körperteile bewegen... Aber nicht zu sehr, nur so, daß du sie besser spüren kannst... (mind. 60 Sek.) Nun stelle dir vor, dein Körper würde ganz winzig klein... So klein wie ein Luftballon, der noch nicht aufgeblasen wurde... Suche dir eine Farbe aus, die du als Ballon gern haben würdest... Du wirst jetzt aufgeblasen... Du wächst Stück für Stück... Du wirst größer und dicker... Das ist ein seltsames Gefühl... So, nun bist du ein dicker, runder Luftballon... Wie gefällst du dir... Schau mal, deine Farbe leuchtet ganz hell... Was möchtest du als Ballon am liebsten tun... Vielleicht hast du Lust, etwas herumzufliegen... Probiere alles aus, was du als Ballon tun möchtest... (mind. 2 Min.) Du hast eine ganze Weile Zeit gehabt, all die Dinge auszuprobieren, die du gern tun wolltest... Versuche doch jetzt einmal zu tanzen... Tanze einen richtig schönen Tanz der Ballons... Und nun hüpfe auf und ab... Prima sieht das aus... Und jetzt

kannst du versuchen, Figuren in der
Luft zu fliegen ... Zieh erst einmal
einen Kreis in der Luft ... Sehr schön ...
Das hat gut geklappt ... Versuche nun,
ein Quadrat in die Luft zu malen ...
Das ist schon schwieriger ... Fallen dir
noch andere Figuren ein, die du als
Ballon in der Luft fliegen willst ... Wie
wäre es mit einer Sonne oder einem
Stern ... Probiere aus, was du magst ...
(mind. 2 Min.)
Nun ist deine Zeit als bunter Ballon
leider zu Ende! Spüre, wie langsam
die Luft aus dir hinausströmt und du
zu schrumpfen beginnst ... Immer
kleiner wirst du, bis alle Luft aus dir
entwichen ist ... Langsam wächst du
wieder und bekommst Füße ... Beine ...
einen Po ... Dann einen Bauch ...
Schultern ... Nun zwei Arme und
Hände und einen Kopf ... Wackel mal
mit deinen Körperteilen hin und her,
um festzustellen, ob alles wieder da
ist ...
Dann komme wieder in diesen Raum
zurück, und spüre, wie dein Körper
auf dem Boden liegt ..."

Das Zurückholen bitte nicht
vergessen!

Die Reise durch die Nacht

Die Phantasie wird angeregt, Neugier geweckt, und es bleibt viel Zeit zum Träumen und Ausruhen.

„Du liegst in deinem Bett... Draußen ist es schon dunkel... Aber du kannst einfach keinen Schlaf finden... Vor deinem Fenster steht der runde Mond am Himmel und leuchtet hell... Auf einmal stupst dich etwas Weiches an... Neben deinem Bett schwebt ein wunderschöner Luftballon... Ganz dunkelblau ist er, und überall blinken und glitzern silberne Sternchen... ‚Komm, steig auf!' flüstert der Sternenballon dir leise zu. ‚Ich lade dich ein zu einer Reise durch die Nacht.' Du krabbelst aus deinem Bett heraus und kletterst auf den Ballon... Schon geht es los... Der Ballon fliegt aus deinem Fenster hinaus in die sternenklare Nacht... Es ist noch ganz warm um dich herum... Hoch hinauf fliegt dich der Sternenballon... Immer höher hinauf... Schließlich fliegt ihr durch kleine Wolken hindurch, die aussehen wie kleine Schäfchen... Dann trefft ihr einen freundlichen alten Mann... ‚Das ist der Schäfer', flüstert dir der Sternenballon zu. Der Schäfer paßt Nacht für Nacht auf all die kleinen Schäfchenwolken auf. Denn es darf keine verlorenge-hen.' Dann fliegt ihr durch die Milchstraße hindurch... Von allen Seiten blinken dir die kleinen und großen Sterne zu... Ein ganz kleiner Stern setzt sich auf dein Knie... ‚Hallo', begrüßt dich der Stern. ‚Ich leiste euch ein wenig Gesellschaft und leuchte euch den Weg!' Nun kommt ihr zum runden Mond. ‚Ganz schön spät für einen so kleinen Besucher wie dich', begrüßt dich der Mond mit freundlicher, sanfter Stimme... ‚Komm her, und leg dich in meine Arme.' Der Mond streckt dir seine kräftigen Arme entgegen und hebt dich sacht von dem Ballon herunter... Der kleine Stern kuschelt sich in deine Arme... Der Mond hält dich mit dem Ballon und dem kleinen Stern ganz fest in seinen starken Armen... Sanft wiegt er euch hin und her... Du bist nun ganz ruhig und entspannt... Das sanfte Schaukeln schläfert dich ein, und dir fallen die Augen zu... ‚Träume schön, du kleines Menschenkind', hörst du den Mond von weit her flüstern..."

Nun kann sehr leise Musik eingespielt werden, damit die Kinder Zeit zum Träumen haben!
Dann bitte zurückholen, es sei denn, die Kinder sollen wirklich einschlafen!

Gestaltungsvorschläge und Bastelideen

Ich lade ein

Material: Ballons,
ein wasserfester Stift

So geht's:
Eine Balloneinladung wird die Kinder
begeistern! Sie blasen so viele Ballons
auf, wie Personen eingeladen werden.
Die Ballons werden fest zugeknotet,
damit keine Luft entweichen kann.
Mit dem wasserfesten Stift schreiben
Sie den Text Ihrer Einladung auf die
Ballons.
Eine runde Sache!

Ballongirlande

Material: Ballons, eine feste Kordel,
buntes Kreppapier

So geht's:
Die Ballons werden aufgeblasen und
mit etwas Abstand zueinander an
eine Kordel geknotet. Damit der
Raumschmuck lebendiger wirkt,
schneidet man von den Kreppapier-
rollen ca. 2-3 cm dicke Streifen ab.
Diese werden auseinandergerollt und
zwischen die Ballons über die Kordel
gehängt. Diese Girlanden können
auch kleine Ballonfreunde herstellen.
Es geht einfach und schnell und sieht
sehr hübsch aus!

Sternenkugel

Material: ein riesiger Ballon, Tapetenkleister, Zeitungen, gelbes und blaues Seidenpapier, ein scharfes Messer

So geht's:
Für diese Sternenkugel benötigt man etwas Zeit. Zunächst wird der Ballon aufgeblasen und zugeknotet. Danach wird ein Paket Tapetenkleister angerührt. Bis der Kleister durchgezogen ist, kann das Zeitungspapier in Stücke gerissen werden. Diese werden mit ausreichend Kleister Schicht für Schicht um den Ballon geklebt. Nach einigen Schichten sollte man das ganze einen Tag trocknen lassen. Dann werden noch einmal verschiedene Papierschichten über den Ballon geklebt. Wieder mindestens einen Tag trocknen lassen. Nun wird das blaue Seidenpapier um den Ballon geklebt, so daß kein Zeitungsstück mehr zu sehen ist! Ist auch die blaue Papierschicht trocken, kann man mit Hilfe eines Messers Sterne aus dem Ballon schneiden. Dazu wird oben ein ca. handgroßer Deckel in den Ballon geschnitten, so daß in ihn hineingegriffen und er abgestützt werden kann. Der kaputte Ballon wird entfernt. Sind genug Sterne hineingeschnitten, klebt man dahinter etwas gelbes Seidenpapier.

Wer Lust hat, kann aus Tonkarton Wolken, Sterne und einen großen Mond ausschneiden. Damit kann man besonders die Decken hoher Räume märchenhaft gestalten!

Märchenkugeln

Material: kleine runde Ballons, Tapetenkleister, Seidenpapier, kleine Sternchen, Perlen, Glitzer

So geht's:
Diese wunderschönen Märchenkugeln sind recht schnell gezaubert. Man rührt den Kleister an und zerreißt das Seidenpapier. Die kleinen Ballons werden aufgeblasen, bis sie etwa die Größe eines Tennisballes haben. Dann werden sie zugeknotet. Das Seidenpapier wird mit ausreichend Kleister um die kleinen Ballons geklebt. Nach mehreren Schichten werden die noch feuchten Ballons mit Glimmer, Sternchen etc. bestreut. Dann legt man sie zum Trocknen an einen luftigen, warmen Ort.
Übrigens: Die Kugeln eignen sich hervorragend als Weihnachtsbaumschmuck! Dazu bindet man ein goldenes Band um die Ballonzipfel, bevor man mit dem Bekleben beginnt!

Ballonfüßler

Material: Ballons, starker Kleber, Scheren, Tonpapier, Kreppapier

So geht's:
Die Ballons werden aufgeblasen und zugeknotet. Dann scheidet man aus dem Tonpapier Augen, Hände und Füße aus. Hände und Füße klebt man an verschiedene Streifen Kreppapier, die die Arme und die Beine darstellen. Nun wird alles am Ballon befestigt! Fertig ist der Ballonfüßler! Wer es lieber etwas stabiler haben möchte, kann aus zwei Streifen Kreppapier eine Hexenleiter falten und daran die Körperteile befestigen!

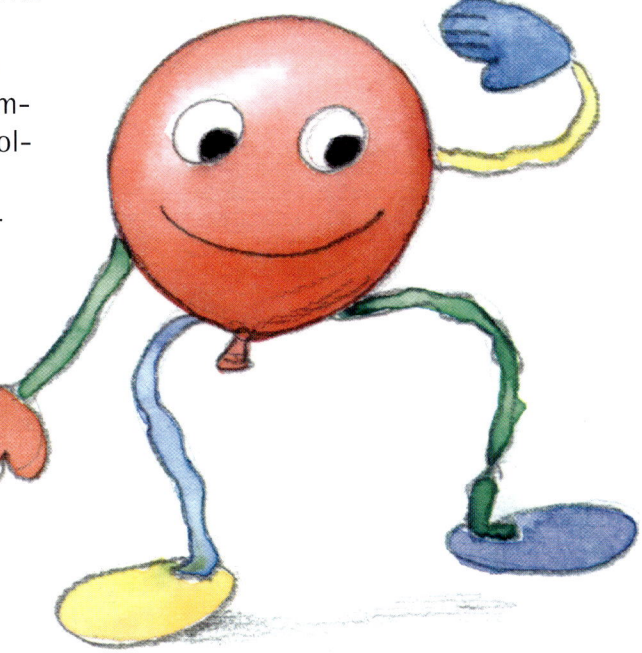

Kleines Windlicht

Material: kleine runde Ballons, Tapetenkleister, Transparentpapier, Schere, Teelichter

So geht's:
Die Ballons werden aufgeblasen und zugeknotet. Nun rührt man den Kleister mit Wasser an. Das Transparentpapier wird in kleine Stücke gerissen. Diese werden in den Kleister getaucht und Stück für Stück um den Ballon geklebt. Lediglich oben am Knoten wird etwas ausgespart. Der Ballon sollte 3-5 Schichten Papier erhalten. Dann gut trocknen lassen, und den Ballon im Innern mit einer Nadel zerpieksen und anschließend entfernen. Oben wird der Rand mit einer Schere begradigt. Ist die Öffnung groß genug, wird ein Teelicht hineingestellt. Falls das Windlicht zu rund ist und zur Seite kippt, kann man es auf den runden Deckel einer Käsepackung stellen!

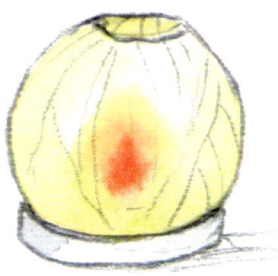

Hexengesichter

Material: Ballons, Kleber, Schere, Tonpapier, Woll- und Stoffreste

So geht's:
Die Ballons werden aufgeblasen und zugeknotet. Aus vielen Wollfäden klebt man der Ballon-Hexe Haare an den Kopf. Aus Tonpapier oder wasserfesten Stiften wird der Hexe ein Gesicht gemacht oder aufgemalt. Und schon ist es fertig, das Hexengesicht. Wer möchte, kann seiner Hexe aus einem Stoffrest ein Kopftuch ausschneiden und um den Kopf binden!

Masken

Material: Ballons, Tapetenkleister, Zeitungen, Schere, Wolle, Abtön-farbe, Pinsel

So geht's:
Die Ballons bläst man auf und knotet sie zu. Danach wird der Kleister angerührt und das Zeitungspapier in Streifen oder Stücke gerissen. Nun beklebt man, Schicht für Schicht, eine Hälfte des Ballons mit dem in Kleister getauchten Papier. Sind genug Schichten um die Ballonhälfte geklebt (4-6 sollten es schon sein), werden diese gut trocknen gelassen und anschließend vorsichtig von dem Ballon abgelöst. In diese Papiermaske schneidet man Löcher für die Augen und den Mund. Dann kann man seine Maske bemalen und mit Wolle bekleben.

Ostereier

Material: kleine ovale Ballons, Kleister, Seidenpapier in leuchtenden Farben, evtl. Perlen oder Glimmer, etwas Heu oder Stroh

So geht's:
Die Ballons werden wie bei den „Märchenkugeln" verarbeitet. Auch hier umklebt man die Ballons mit leuchtendem Seidenpapier. Wer möchte, kann noch Perlen oder Glimmer auf die feuchten „Ostereier" streuen. Sind alle Ostereier getrocknet, breitet man auf der Fensterbank oder auf einem Tisch etwas Heu aus und legt die Eier hinein. Das sieht sehr hübsch aus! Ganz raffiniert ist es, die Balloneier aufzuschneiden, mit Schokolade o.ä. zu füllen und zum Schluß mit einem Band wieder zuzubinden. So erhält man ein echtes Überraschungsei!

Lampion-Tiere

Material: runde Ballons,
Tapetenkleister, Transparentpapier,
Draht, Schere, Tonpapier, Kreppapier,
Wolle

So geht's:
Jeder sucht sich zunächst ein Tier
aus, das er als Laterne basteln will.
Denn danach richtet sich natürlich
die Farbe, in der man die Laterne
bekleben muß!
Hier werden beispielhaft einige Tiere
angeführt, die sich ganz leicht aus
einem runden Ballon herstellen lassen:
- Elefant (hat an der Seite aus Tonkarton zwei Ohren und aus Krepp-
papier einen langen Rüssel)
- Maus (rechts und links ein Mause-
ohr und hinten einen Schwanz aus
geflochtener Wolle)
- Schwein (zwei rosa Ohren, einen
Ringelschwanz aus einem rosa Pfei-
fenputzer und aus einem Stück
Papprolle einen Schweinerüssel)
- Hahn (aus weißem Tonkarton einen
Kopf, aus Kreppapierstreifen einen
bunten Schwanz)
- Schmetterling (rechts und links aus
bemaltem Tonpapier Flügel)

Hat man sich für ein Tier entschieden,
so reißt man das Transparentpapier

der entsprechenden Farbe in Streifen
und klebt diese mit reichlich Tapetenkleister an den Ballon. Die jeweiligen Köperteile wie Rüssel o.ä. arbeitet man besser sofort mit ein, bevor
alles getrocknet ist. Wurde der Ballon
mit genug Schichten Papier versehen,
läßt man ihn trocknen. Zum Schluß
schneidet man eine Öffnung in das
Lampion-Tier hinein und befestigt
daran Draht. Nun stellt man entweder ein Teelicht in den Bauch des
Tieres, oder man hängt die Laterne
an einen Stab mit elektrischem Licht.

103

Leuchtende Fensterballons

Material: Pinsel, Fenstermalfarben, Watte, Tapetenkleister

So geht's:
Jedes Kind malt einen schönen, bunten Ballon an ein Fenster. Sind alle Kinder fertig, so wird etwas Kleister angerührt. Damit werden viele Watte-Wolken zwischen die Ballons geklebt. Wer möchte, kann aus blauem Krepp- oder Seidenpapier einen Himmel darüberkleben. Das leuchtet wunderschön, vor allem, wenn die Sonne hereinscheint.

Kleine Heißluftballons

Material: kleine runde Ballons, Tonpapier, Kleister, Seidenpapier, Kordel, Schere, leere Klopapierrollen

So geht's:
Die Ballons werden aufgeblasen, zugeknotet und mit einer dicken Schicht Seidenpapier und Kleister umklebt. Nach dem Trocknen werden die leeren Klopapierrollen in der Mitte geteilt und mit Tonpapier beklebt. Diese kleinen Körbe bindet man nun mit der Kordel an den kleinen Ballons fest. Wunderschön sieht es aus, wenn man diese kleinen Heißluftballons an die Decke oder vor ein Fenster hängt!
Wer lieber einen großen Heißluftballon basteln möchte, braucht einen solch riesigen Luftballon wie bei der „Sternenkugel". Daran kann man sogar einen echten Korb hängen, in den man eine Puppe setzt!

Ein Tip zum Schluß

Wenn Sie regelmäßig mit diesem Buch arbeiten, benötigen Sie natürlich eine ganze Menge Luftballons. Doch ist es manchmal gar nicht so einfach, sie preiswert zu bekommen. Fragen Sie einfach einmal bei großen Firmen nach, oder gehen Sie in Geschäfte und Restaurants. Häufig werden dort Ballons zu Werbezwecken verschenkt. Auch viele Arzneifirmen und Vertreter verschenken Ballons! Dafür können Sie sich an Arztpraxen wenden, die Ihnen sicherlich Adressen von Vertretern nennen oder die wissen, welche Firma mit Ballons für ihre Medikamente wirbt. Auch bei Krankenkassen können Sie es versuchen. Rufen Sie dort an, und erkundigen Sie sich unverbindlich, ob dort Ballons verschenkt werden. Sagen Sie ruhig, wofür Sie sie benötigen. Meistens werden die Leute großzügiger, wenn es um Kinder geht! Schauen Sie im Telefon- oder Branchenbuch nach, ob es in ihrer Nähe eine Firma gibt, die Ballons herstellt. Dort gibt es schon mal Restposten.

Außerdem können Sie Ballons in großen Mengen bei Versandhäusern und Vertretern bestellen, die Schulen, Kindergärten, Spielplatzhäuser etc. beliefern. Dies ist wesentlich billiger, da man dort Großpackungen erwerben kann!

Vielleicht können Sie sich auch an Eltern wenden, die einige Ballons spenden.

Literaturempfehlungen

Bücher zum Thema „Entspannung"
- Komm' mit auf meine Traumwiese...
Autogenes Training mit Kindern
Sabine Seyffert / Musikbär Verlag 95

- Bewegen und Entspannen
Ursula Rücker - Vogler / Ravensburger Verlag 94

- Dann trägt mich meine Wolke...
Maureen Murdock / Bauer Verlag 89

- Kinder ohne Streß
Bd.1 „Bewegung im Schneckentempo
Bd.2 „Im Wunderland der Phantasie"
Bd.3 „Reise mit dem Atem"
Bd.4 „Zauberhände"
Klaus Vopel / Iskopress 89

- Die Heilkraft des Atems
Mariette Till / Goldmann Verlag 88

- Bewußt mit dem Körper leben
Mariann Kjellrup /
Ehrenwirth Verlag 80

- Heile, heile Segen
Barbara Wanderer / Kösel Verlag 95

Bilderbücher zum Träumen
- Der Regenbogenfisch
Marcus Pfister / Nord - Süd Verlag

- Das Pfützenungeheuer
Marlies Arold / Wolfgang Mann Verlag

- Eine wunderbare Reise durch die Nacht
Helme Heine, Middelhauve

- Frederick
Leo Lionni / Middelhauve Verlag

- Der verzauberte Regentag
Bärbel Haas, Galerie in der Töpferstube

- Die Wolkenreise
Sis Koch / Thienemann Verlag